アストロカウンセラー・まーさの

12星座のおはなし

ブックデザイン◎藤田知子
カット◎ハラダマサミ

アストロカウンセラー・まーさの
12星座のおはなし

目次

はじめに

私にとって、『12星座』は、12人の友達、です。

今回これを書いてみるに当たって、改めて自分が各星座のことをどのように感じているのか……などを考えてみました。

そこで思い浮かぶのは、12の星座がわいわい火を囲む輪の中に混ざって、話を聞き、これを書いている私。

ぐるっと見回してみても、その顔ぶれの中に優劣とか、大事だ、大事じゃないの差はありません。

等しく大好きな友人のことを書く、幸福な私のイメージです。

もちろん、星座って生き物というよりはエネルギーのようなものだし、

私自身も、この12のうちのひとつに基本的には属しているので、正確に言うと11人と私なのか（私が星座の代表ってこともないから、違うか……）とかあるし、

また、すべての人の中に、この12個の力は、それぞれ強弱はあれど、存在しているのだし。

だからあくまでイメージではあるのですが、
その感覚は私をとても温かくしてくれました。

たとえるなら12の星座は『虹』みたいなもの。

虹が7色セットですばらしいように、星座も12個セットで世界をなしています。

「虹の中の赤が好き、青はいらない」とか、そういう意見が的外れなように、星座にもそういう感覚をみんなが持ってくれたら、どんなにかうれしいだろうとも思います。

全員で世界は1セット。誰ひとりいらない人なんて、いないんです。

だから、「○○座の運がよければいい。ほかはどうでもいいんです」とか、「△△座って性格悪い。大嫌い」とか言う人がおられると……。表面的には見せないようにしていますが、実際はかなり腹を立ててもいる私です（笑）。


わかっていな〜〜〜〜〜い！と。

まあそれをどうやってわかってもらえるか、うまいこと工夫してお伝えしていくのが私の仕事でしょうし、ほとんどの場合、きちんとお話しすれば、「自分だけよければいいって、そういう考え方だめですね」「××座のそんな面知らなかったです。僕勘違いしてましたね」と、みなさん言ってくださるので、それでもう、私もうれしくて機嫌直しちゃうんですけども。

もう一回たとえるなら、私は『12星座』というバンドのファン（笑）。

大体、そのバンドのコアなファン、楽曲自体を、存在自体を愛している人は、「ボーカルの××かっこいい。ほかいらない」「見た目だけ好き。ライブとかはそんな興味ない。シングルしか知らない」とか言われると　怒りで暴れますから（笑）。

あれです。私はあれの、星座版ね。

ではこれから、私の友人たちを順に紹介していけたらと思います。

あ、私のって、言ってますけど。

もちろん「あなたとも友達になってもらえたら、こんなに幸せなことはないだろう」という気持ちからですよ。一緒にバンド組まない？って意味ですよ。

占いって、もちろん運の上がり下がりやタイミングを知るために見る方がほとんどなのかもしれないですけど。

私は、「そもそも、この世界ってどういう仕組み？　あなたってどういう仕組み？　私ってどういう仕組み？」を教えてくれる部分こそ、一番おいしい部分じゃないのかなと思っています。

「なぜそうなのか、そもそもどういうことなのか」を知っていたら、今起こっていることのたくさんの疑問が解けるし、結果「今後どうなりそうか」なんて、ある意味自然にわかっちゃうというか……。

「そもそもこういう人なら、確かに今後こういうことになりそうだ」とかも、見当がつけやすくなるっていうのは確実にあります。

それに人間って、

「今目の前にある疑問や不安が解けて解消されたら、案外先のことなんてなるようになるか……くらいの範囲で、満足しちゃう」とも思います。

あなたの大事な人について、周囲の関係性について、何より、自分自身に感じている「これって、どうしてなんだろう」について、少しでも光が差すことを、私たちは本当は一番望んでいるんですよね。実際はね。

明日なんてどうにでもなる。今さえしっかりこの手にあるのなら。

それって真実でしょう？

第一歩はやはり仲間のことから、そしてあなた自身ともっとよく知り合うことからです。

さあ、輪の中に入りませんか？

全員が右手を挙げて、あなたのためのカップや肉を差し出して、手招きしています。

歓迎します！

アストロカウンセラー・まーさ

親愛なる牡羊座へ

♈

★牡羊座★

牡羊座はたまらなくいとしく、殺したいほど憎い
相手である。牡羊座の感情は
“生きたいと願う命の叫び”そのままだ

● 区分
二分類：男性星座
三分類：活動宮
四分類：火の星座
守護星：火星

● **得意なこと**　即断即決、単独行動、勘で勝負する、直接的な勝負ごと、一気に突き進む
● **不得意なこと**　熟考する、中庸を見極める、集団をまとめる、あいまいな部分を残しながら進む

● **性格的に顕著なところ**

★単純明快で、ストレートな性格。自己中心的な発想の持ち主。基本気質は明るく、物事に対する反応の速さ、最高点に達するスピードは12星座一。自分という個性を肯定する傾向は、他星座に比べてかなり強く、時として攻撃的なほどである。
★牡羊座は、自身の態度や行動に相手がどう反応するかあまり興味がない。自分の言動でさえ、ある意味「なぜそうするのか」わかっていないことが多々ある。そのため、「他人に惑わされて迷ってしまう」ことは極端に少ないが、「自分の本質、気持ちを深く考察する」「日常的に他人をうまく受け入れる」訓練も得てして足りないので、いつもの自分の“反射”的やり方で成功できないときには、たやすく壁にぶつかってしまう。自分とは違うほかの人間の考えを知り、適度に受け入れる応用力をつけることが（それでいて自分を貫くしなやかな強さを養うことが）、世界を広げる鍵となる。
★牡羊座は特に“やさしい感情を素直に表に出す”ことがかなり苦手。だから一見ぶっきらぼうな人が多い。かつ、どんなときも“ごり押しスタイル”で意思を伝えようとしたりもするので、多く誤解されているが、実際には裏表のないやさしさを持っている。牡羊座には、「先にこちらからやさしく接する」のが大事。牡羊座の本能に訴えかけて「大丈夫だ」と認識してもらうと関係がスムーズである。

● **牡羊座の人生の課題**

「やさしさは決して弱さではない。豊かさと温かさを兼ね備えた目で人を、何より自分を見られる人間こそ、もっとも強い人である。

そして、あなたにふさわしい強さは、まさにそれだ」

ヒユ――――――――――――（荒野に風が吹きぬける音）

来ましたね、牡羊座さん……。

お待ちしていました。


いきなりのご挨拶なんですけど。

私あなたに決闘を申し込もうと思うんです。

決闘って、やったことないでしょう？　私もなんですけどね、でも一度やってみたくて。

もし「決闘を申し込むなら」牡羊座かな？と思っていました。


血気盛んで反応がすばやくて、運動神経や感覚も往々にして鋭く。

何よりけんかっぱやいあなたに、そんな恐ろしいことを挑む人なんてそうそういないだろうと思って。そんなことする物好きは、私ぐらいかと（笑）。

だからこそ、意味があるかなと。

こういう、シンプルではっきり意図が伝わるやり方が、あなたにはいいかと思って。

……いや、こっちの話です。


銃は持ってきました？　やり方はわかっていますか。

立会人が合図したら、あ、今回立会人は乙女座ちゃんと天秤座さんにお願いしました。

フェアといったらこのふたりよね。ひとりでもいいかなと思いましたが、彼らはフェアな精神は持ち合わせているけど、どっちも平和主義なんで。大量出血が起こったときとか、手足が飛んでいったときに気絶されたら困るから、まあふたりいればと……。

あ、もうふたりが青い顔しているので、このくらいにしましょう。

背中合わせに10数えつつお互い歩いたら、振り向いて打つんです。確か。

で、それで決着がつかなければ、もう一発ね。2発しか、弾は入れないでおきましょう。


準備はいいですか。

では……。何か言いたいことがあります？

「そもそも、何で決闘しなくちゃいけないのか」って？

うむ、いい質問ですな。ついに気になりました、それ？

成長しているなぁ～～牡羊座ちゃん。あ、ほめてますよ。もちろん。

すごく当たり前のことですけど、

「行動には必ず動機がある。それをすべきかどうか、当の本人が理解すること以上に、大事なことはない」

と、私は思います。

でも正直、あんまり牡羊座さんはそこのところ、重んじてこなかったんじゃない？

確かにあなたは、「自分の意志を貫くこと」は得意です。

しかもその着手までもすごく早い。

だから一見、「何事も自分の思い通りになる」人のように見えます。

でも、それはすごくざっくりとしか牡羊座をとらえない人の見解です。かつ、そういう風に見ている人は往々にして、そういうあなたに憧れ、いいなあ、という気持ちを持ちつつも、そのある種の乱暴さ、強引さを憎んでいたりすることも多い。

でも、現実に牡羊座に接すると、あなたはそんな乱暴な人間性じゃない。自分自身の人生に対して、「ままならない気持ち」というのも、かなり抱えているなと感じます。

それは何でかな、と私が考えてみた限りでは、「どうしてそういう風にしたいのかを、深く追求しないまま、考えないで行動しているから」なんじゃないかと。

周囲の人々は、牡羊座のことを考察、判断が早く、結果、行動も早い人と理解していますが、事実はそうじゃない。

牡羊座は、いいかもしれん、と思った程度の瞬間に行動してしまう傾向があるため、実際勇み足も多いです。

かつ、「何でこうしたんだったっけ」という部分においては、高確率でわかっていない。「どうしてそうしたの？」と聞くと、大体はっきりした返事は返ってこないし、まあ、気まずくなるのかな？　そういうことを問う相手に、怒ります。また高確率で（笑）。

ってことは、「考えてから行動したほうがいい」という気持ちは根底にはあるんだな、ともわかります。

しかし、何も考えないでやっちゃうんだから、そりゃ行動も早いわ。

でも、ほかの11星座はこれに比べれば全員慎重だし、何より自分の行動に多少なりとも理由を求めるので、

「まさか牡羊座が、まったく考えず、野生の勘だけで判断しているとは！」

なんて、思いもしないわけですね。だから、「あいつらとんでもなく判断が早いぜ……」と恐れているんだな。

まあ、実際の行動が、運よく「やってみる価値があった。追々考えたとしても、OKなものだった」ときはいいですが、「もしもう少し考えていたら、これはやらなかったな」みたいなことに当たる確率も本当のところをいうと、かなり高いんじゃありませんか？

でも、この「何で自分はそうしようと思ったんだろう」「やらないほうがよかったのかもしれない」という考察も、大体において、牡羊座自身はしないので（汗）。

「……ま、いいか」で流しているんですな。

理由、というのではないけど。

これが、私が「牡羊座に勝負を挑んでみよう」と思ったきっかけのひとつです。

牡羊座ちゃん、あなたの実際の的中率、というか、狙ったものを射止める確率は、みんなが思っているほど高くないんじゃないかしら。

あなたの行動は、練り上げたものじゃない。基本的には「実力をつけるために時間をかけたり、一番いい状態でパフォーマンスできるように計画してきたりした」ものじゃない。ばんばん、数打って連射しているから、結果成功しているようにも見えるけど、でも、一発しかないものを、必ず当てられる……。あまり、人生をそういう風には作ってきていませんね？　当たったとしても、それは本当に、運でしょ。

だから、確率が低いのよ。

だって運は、単体で使うものじゃないもの。

確かに、本当に勝負強い人は、もちろん運も相当に強いことが多いです。

が、そういう場合、その人は実際〝運に頼らなくてもいいくらい〟の集中力、一点に自分の力を引き寄せてきて、ほしいときに出せるようコントロールする力を持っています。

「運があろうがなかろうが、自分の積み重ねてきたものだけでも十分に勝負できる」

そう思える精神力と鍛錬。それがあるかないかは、ひとつのポイントで、結果、そういうその人の姿勢が、運自体も引き寄せているんだね。

ひきつけた運を、十二分に生かせる人のところに、運も行きたがるんでしょう。

あなたはそれに本当は気づいているのに、「え、じゃあどうやったらそういう風に実力がつけられるの？」が、ぱっとわからないので、「ぱっと理解できないことに、踏みとどまって考え続ける」ことに耐えられなくて、結果また「ま、いいか……。何とかなるよね」に流れているんですな。

つまり、ちょっと自分自身から逃げているんだな。

そう思いませんか。自分でも。

バ――――――ン！（耳の横を弾が走る）

おっと。怒った？　っていうか、もう撃った？（汗）

さすが早撃ち王……でも外れましたよ。やっぱり話を半分も聞かずに、すぐ怒る（ヤレヤレのポーズ）。

悪いけど、そんな衝動に身を任せた一発で、私の胸に穴を開けようなんて甘いのだ。

それに、ここからどっちに話が展開するか、わからないじゃない。

……まあ、もう一発はまだとっておいたほうがいいでしょう。

最後まで聞いて、「こいつやっぱり生かしちゃおけねえ」と思ったら、撃てばいいよ（笑）。

かつ、乙女座&天秤座ちゃんたちの目が点になっているので、驚かさないであげてください……（両者、「ヒィ――――（涙）」の顔）。

別に今、殺されかかったから言うんじゃないけどね（汗ふきふき）。

私はすごく、牡羊座を評価しているんですよ。

生まれたときの素材の優秀さ、というか、たくましさ、バイタリティー、生きのよさ・勘のよさ、そして行動力。すべてにおいて、さすが12星座のトップバッターだな!と思っています。

先に挙げたもの、「何だ。テクニック的なものは何もないじゃない。ただ元気なだけでしょう」って思う人は、人間を知らないなぁ。

だってこういう部分こそ、後々がんばってもつけることのできない、人からあげることもできないものなんだから。元気のない人を元気づけるのに、どれだけのカロリーが必要かって考えてみてください。しかも、人から与えられたんじゃ弱い、自分から湧いてくるようじゃなきゃ!っていうのも、なんとなくわかるでしょう?

そういうことから考えてみれば、〝強い生存本能〟を生まれつき備えた牡羊座は「どんなものにもなれそうな」人、であるはずなんです。本来ね。

だけどねえー! これと同時に言いたいことがあります。

大体の牡羊座ちゃんは、その自分の持って生まれた部分に頼りすぎです。

というか、「生まれてからずーっとおんなじキャラ。できることもできないことも、同じまま」って、ちょっと、怠けるにしてもほどがあると私は思うのですよ。
だから、努力、考察を繰り返すのや、人にアドバイスを求めて工夫するのや、弱点をうまく克服するのや……っていう、ほかの星座たちに抜かれるんだぞ！

そのまんま『ウサギと亀』でしょ。いいのかそれで！（じだんだじだんだ）
かつ「くよくよ考えるのは性に合わないんですよ」とか、「自分貫いてなんぼでしょう」とか、牡羊座さんはよく言うけどもね。

私に言わせれば、それは言い訳ですな。
単に、きちんと自分と向き合って、自分の弱点に気づく、弱さを実感するのが、怖いからでしょう？

それって、あなた……。
「いつも大声でみんなに威張っていて、力も強いから、てっきり精神的にも豪快なのかと思いきや、実はいろいろなものを恐れていて、でもそれと正面対決できない人で。

自分の得意なもの、強く出られる人にだけ、かかわろうとする。

怖いものが近づいてきたらきつい言葉で威嚇して、急いで走り去って何も自分は見なかったことにして。

何より、本当に自分が感じているさまざまな気持ちさえも、『こんな弱いこと考えるなんておかしい。自分はそんなタイプじゃない』と言って大事にしてあげようとしない」

これってまんがの典型的ガキ大将キャラ。

つまり〝ジャイアン〟じゃないかー!

本物のジャイアンはいい友達もいるしさ、まだ若いし、それなりに努力もしていたような気もするし……、まだいいよ(確か)。

しかし、リアルジャイアン・牡羊座よ。あなたはどうですか?

まず。物事をきちんととらえて、頭でも心でもしっかり感じ取ることは、全然くよくよじゃないと私は思いますね。

そもそも、多くの場合誤解されていますが、「考える」はイコール「悩む」ではありません。

確かに、考えてもしょうがないだろう、ってことを考えすぎてしまい、結果、足が止まる、同じ場所でぐるぐるする、ってことも多々ありますね。人間にはね。

そういうのを見て、かっこ悪いなあ、自分はああいう人間じゃない、って思うのでしょう？

でも、それが〝考えること〟のすべてではない、ということも、わかっているでしょう？

「これはどういう仕組みなのかな？」とか、「どう伝えたら、もっとわかってもらえる？」とか考えるのは、まったくもって発展的な考察だと、私は思います。

むしろ、思考を丁寧に積み重ねる作業って、生きるのに真剣で真面目な感じがして、すごくかっこよくないかしら。

多分、あなたの周りにだって、悩んでいるんじゃなくて「よく考えている人」「自分に向き合って、結果、適切な判断や答えを導き出そうとしている人」はいるでしょう？　そういうのを見てすごいなって思いませんか。

でも、その思考に付き合っていろいろ一緒に考えていると……。また途中で自分の中で

起こる感情や疑問がつらくなって、どうでもよくなって、

「……ま、いいから。だから結論だけ言って」

「何かそういうの面倒くさいからいいや」

とか、言っちゃってるんじゃありませんか。言っちゃってるんですよね、きっと……。

……なんだかそういうシーンになると、私はちょっとさみしいんですよね。

「あ、また牡羊座に逃げられてしまった……」って。

本当のその人を知りたくて、心の奥に入っていきたくて、何より、たくさんの考えや気持ちを一緒に読み解く経験をわかち合いたくて、みんな懸命になってあなたに何かを発しているんだろうに。……でも往々にしてあなたは、その時間を共有してくれない。待っていてくれない。……結果、〝気持ち〟は届かない。

牡羊座にそんな〝精神的片思い〟をすることになる人は多いと思います。かつ、牡羊座自身にとっても。受け取りそこねてしまう〝ラブレター〟はきっとたくさんあるんだろうな、と。……ちょっとさみしいですよね。ひとごととはいえね。

へたり。
あ、座り込んじゃった。牡羊座さん……？（怪訝な顔で）
どうした？　何、疲れたの……ってそんなはずないな。体力あるもんね私より……。何、
この話理屈っぽかった？　もしくは何かあなたの胸に、ヒットした？
ごめんごめん。私も横に座るからね。よいしょ。

すっかりあなたをジャイアン呼ばわりしましたけどもね（ジャイアンは好きですけどね）。

だからといって、私はあなたに品行方正・できすぎくんになれって言う気はないんです。

あなたは野生的だからいいんだもん。

やんちゃで、衝動的で、それこそ火のようで。

そういう、人間としてすごく基本的な強さ、命の塊みたいなあなたがすごく好きです。

本当はすごく正直者で、人にもやさしいよね。私はわかってるよ。


でも、だからこそ。

〝自分〟を大事にしてほしい。

自分という存在をすべてアンテナにして、そこに感じ取るものを全部大事にしてほしい。

あなたにとって都合のいい、いや〝表面的に都合のいい〟ことだけに耳を傾けたりしないでほしいのです。

「これはいい」「これなら勝てる」「うまくできる」も大事だけど、「これはだめ」「こんなの悲しい」「こうじゃいやだ」もはっきり知ってほしい。

かつ、「苦しいけど、大事なことだ」「簡単じゃないけど、その価値はある」「今はがんばらなきゃいけない」「自分を変えてでも、大切にしたい」。そういうことだって、本当はたくさん気づいているはず。あなたの中に入ってきているはず。

感じるならとことん感じて、とことん何事であろうと受信する。

正直に受け取り、反応できるくらい、ひとまわり強くなってほしい。

そう思うの。

くだらない、薄っぺらい、その場しのぎの人生を送れるほど、

自分を生涯だまし続けて、貶められるほど、
あなたは生きることに鈍感じゃない。自分を辱めることもできない。
勘で生きられる人っていうのは、本来、そういうものです。

ね？（と肩を抱く）

私のもっとも高潔なる友人、牡羊座よ。


これからもできる限り自分勝手でいてください。いつも自分基準でいてください。

そして、本来その最高に高いはずの自分基準をフル活用して、本当に自分を幸せにしてあげてください。

決して「自分に恥ずかしい」日々なんて、生きないでください。

一番恥ずかしい人生は、これまでの自分、過去というものを恥じること。

今、この場で一生懸命でないこと、自分自身を思いやらないこと。

そして、何より、明日を信じないこと。

そうでしょう？

あなたが本当に牡羊座の魂を持っていたら、わかるはず。


今日、私があなたに挑む決闘は、決してこのふたりの戦いじゃないんです。

多分、もうおわかりのように、
これからあなたの人生で何度決闘があろうと、それはいつも必ず「あなた対あなた」の戦いでしょう。

正面向いて、まっすぐに相手を見据えて、その心臓にしっかり狙いをつけるその度胸さえあれば、冷静ささえあるなら。

牡羊座さん。もちろんのことながら、連戦連勝で。

そのときこそ、あなたは無敵のガンマンって呼ばれるでしょうね。


だって、あなただもんね？

決して楽しくない（かもしれない）話をしようとする私を、撃ち殺さないでいてくれてありがとう。先に撃たれた一発のほうは……まあ友情に免じて忘れることにするわ（汗）。

さっき私に向けなかった、もう一発の弾は。

もちろんですが、あなたのこれからの戦いに向けて。

そう、「明日に向かって！」撃ってください。

ちょうどあっちに夕日が出ています。はーきれい……。

私はあなたほどパワフルなガンマンじゃないけど、でもそれほど劣らない腕のはず。

一緒に、撃ちましょう。太陽に向かって。

最後に。

ズガ――――――ン！！！！！（二重奏）

荒くれまーさ

親愛なる牡牛座へ

♉

★牡牛座★

疲れ、飢え、傷ついたら、牡牛座についていけ。
あなたを癒し、守り、温める最高の巣はそこにある

● 区分
二分類：女性星座
三分類：不動宮
四分類：土の星座
守護星：金星

● 得意なこと　場を整え、安心できる状態に保つ、欲を探求する、美しいものを探す、扱う、我慢する　● 不得意なこと　たくさんの存在とかかわる、刷新する、攻撃的なものに対処する、感情を表す

● 性格的に顕著なところ

★情緒的には穏やかで安定志向、多くの場合勤勉で我慢強く、世話好き。基本は素朴な人柄だが、時に繊細で、特にネガティブな状態に弱い。一度、深い不安などに襲われると回復が遅い。心配性で、不安が原因で不眠になるなどはよくある話。記憶力が優れているケースも多し。でも残念ながら「不幸な記憶のほうを強く覚えている」傾向がある。よって警戒心も強い。
★美しいもの、芸術的なものを愛し、センスがよい。牡牛座に備わっているセンスは多くの場合“視覚的”（色彩、造形的なものへの関心が深い）。実際に芸術に造詣が深いケースも多々ある（愛好家自体は多いが、実際に芸術家にまでなる例はそのわりに多くない）。全般に「楽しい、楽なことが大好き」な、“快楽主義”的傾向が強い。喜びは物質に転化される傾向が強く、結果物欲も強くなる。きれいなもの好きは人生全体に言え、恋愛対象にも「美男美女」を好む傾向（これは本人から見て……ということです。見た目を重要視している、という意味）。自身も、牡牛座からよい影響を受けている場合、目鼻立ちの優美な美形になるケースあり。
★概して「インドア」派で、家をもっとも安らげる空間として愛する。愛情関係も密着型が多く、衣食住を共有することで示す傾向。また「人生上の変化」を好まない。服装や行動、仕事など、気に入ると長期そのままであることが多く、結果「ものが捨てられない」「ずっと服装の趣味が変わらない」なども起こりやすい。執着心が強い、感情の処理が苦手、などもその一因かも。

● 牡牛座の人生の課題

「“楽”ばかりしていては、本当の“楽しさ”はわからない。内にこもっていては、愛すべき友達にも出会えない。過去の自分にこだわりすぎていたら、最高に美しい、新しい自分にも出会えない」

ZZZZZZZZZZZ……


牡牛座ひめさま、ひめさま。まーさばあやでございます。

今日はおりいって、ひめさまにお話ししたいことがございまして。

お休みのところ、恐れ入ります。


むくり（何？という顔）。


唐突かもしれませんけどもね。牡牛座さま。

ひめさまって、本当に、「おひめさまかしら」的人生を好んでいますよね。

衣食住のみならず、いろいろな面で上等な環境に自らを置くのが好き。

結果、牡牛座ひめは、どんな歴史や科学について問われても答えられるし、楽器演奏もダンスもうまい。語学だって堪能。美術や建築や……マニアックな知識も豊富だ。刺繍やマナーなんかもお手のもの。よい暮らしをしているし、日々接する人も上品な家柄のよい人ばかり。


まあ……表現はあえて、ばあや、上流階級的な内容にしてますが。

大筋、時代背景こそ違えど、このようなものでございましょ？


あなたにとって居心地がいいのは、そんな、いわゆる〝安全な暮らし〟の中の幸福さ。

そうですよね。


牡牛座はとにかく自分の周りに、好きなものばかりを集める人で。

その中でだけ、暮らしたがる。

自分の周りにお気に入りのものをとにかく集めて、円状にする。

自分は動かない。

その、たくさんの物事で、あらゆる「自分を傷つける、驚かす」ものから自分を守ろうとしているかのような様子を見て、いつも私は「まるで城壁みたいだ」と思います。

確かに、その〝内側〟では何不自由ないんでしょう。すごく居心地もいいんでしょうね。

だから、ひめさまはいくらお誘いしても、基本、城壁の〝外側〟には出てこないのです。

そう、

「出て行く気はそもそもないから」

こんなに内側を充実させているんでしょう？


そういえば、少し話は変わりますが。

そのたくさんのものを蓄えよう、身につけようとする性質のためか、牡牛座さんって概して頭もいいような気がします。実際に、習い事をたくさんしていたり、趣味的なものに時間やお金をかけたりしている人も多いし。

多分、「12星座対抗・統一模試」なんかを開催したら、一番全員の平均得点が高いのは牡牛座チームかもしれない。

いわゆる天才型とか、知性を武器に人生を渡る専門家タイプは少ないけど、逆に「まったく勉強できない子」も見かけないというか（汗）。

まあ、基本、すべての学問はそれに取り組む丁寧な姿勢と反復が鍵なのだから、こつこつ型の牡牛座が勝利するのは至極当たり前に思えます。

かつ、〝五感〟を司るその性質ゆえに、美的感覚や趣味、いわゆる味覚や聴覚といった、センスとかかわる感性だってトップクラスのものを持っている人も多い星座ですし。

そういうところも、お育ちのいい雰囲気……まさにひめさまです。

だから大体の場合、「牡牛座って優秀だ」と言ってもいいのだけど、だからといって彼らが自分たちから、その賢さをアピールしながら、積極的に世界に働きかけていくかっていうと、それはない。めったにないです。

むしろ往々にして牡牛座は、「自分の優秀さを隠そうとする」傾向が強いといってもいいくらい。

で、多くの場合、その出てこない、自分を出さない理由を、

「だって私は未熟だから」「自分には荷が重いし」「そこまでの能力はないと思う」

そう答えるけど、本当の理由はそれじゃない……とばあやは思います。

だって、本当は日々の努力もきちんとしているし、真面目だし、昨日今日じゃない積み重ねもしっかり持っている。突然当てられたって的外れなことを答えちゃうとは思えないし、そもそも宿題だって忘れない……（大事）。

つまり、「やればおできになる。必ずといっていいほど、おできになる」みなさんです。けど、往々にして牡牛座さんは、当てられても堂々と答えなかったり、「できません」「忘れました」と言っちゃったりする。もしくは……黙っちゃう。ほめられようものなら、恥ずかしそうに下を向いたりもする。

実際、実はそこまでできなくても、ハッタリや見栄でえっへん、とやりたい星座だって多いのに、知らなくても手挙げちゃう人さえいるのに、この心理ってなんなんでしょうね（笑）。

……しかし、一見不可思議な行動だって、みんな必要だからそうするんですよね。

概して、人ってね。

どんな理屈に合わないことであったとしてもね。

現実の自分は人がうらやむほど優秀であっても、
それを認めないほど、逃げ続けていたいもの。
それは、「未知なるものに、心の底からおびえている自分」。

そうなんじゃないでしょうか。


たくさんのものや能力を鎧にして、それを手に入れることに時間を割くことで、

「自分は本当に弱い存在だ」ということに向き合うことから、逃げているっていう事実。

何も持たない自分なんか、とても正面から見るに値しない。

これだけ身につけたって、何とかぎりぎりくらいなのに……。

本当はそう思っていることを、一秒たりとも思い出したくないから。

それを見破られたくないから、外に出たくないし、
自分と向き合う以外のことだったら、どんなことにだって耐えてしまう。
努力していれば、我慢していれば、みんながすごいね、えらいねって言ってくれるから。

本当の自分を知られなくてすむ。

こうして自信がないフリ、おとなしいフリをしていれば、誰かに、

「なんだ、あなたって結構大したことない人間なんだね」

なんてこと見破られないですむ。

あなたの持っているものって実はつまらない、なんて、傷つけられる心配もない。

頭がよくて常識的で、きれいな家に住んで身なりもそれらしくしておけば。

「本当は、私が自分のことを、好きになりきれていないのかもしれない」

なんて真実を、
受け止めなくてすむかもしれない。


それがとにかく怖いから。

知らないですむなら、勇気を出すことによって得られるかもしれない、すべての可能性だって、いっそあきらめてしまったほうがいい。

いや、最初から知らなければ、期待しなければ、私は変わらないままでいられる。

「進歩」？　そんなもの必要ないもん。だってここにはほしいものが全部あるんだから。

外の世界になんて、これ以上のものがあるわけないんだから……。

そう思い込んで、自分の持てる力を、ひたすら「自分の楽園作り」にだけ注いでいる。

牡牛座を見ると、そんなエネルギーを感じることがあります。


なんて切ないひめさま。


でもですねえ。牡牛座さん。

私が思うに、この世でもっとも持つ価値のあるものって、〝経験〟なんじゃないですか。

いくらお気に入りのものばかり集めた世界に住んでいても、どこか満たされないのは。

それがわかっているからなんじゃないでしょうか。

新しいドレス、新しい本、新しい家庭教師、新しい習い事。

物質をいくら積み重ねても、人間はどこか満たされない。

いい地位を与えられようが、ブランド品で身を固めようが、一等地に住んでいようが、有名人があなたをちやほやしてくれようが。

あなたがそれらを〝ものを見る目〟、つまりレッテルで見ている限り、決して相手は何も返してくれません。

それが、実際に〝もの〟だからじゃないんだよ。

概して「もの集め」に熱中しがちな現実の牡牛座は、ブランド志向に走ることも多いけど。

相手が「有名人だから価値がある」とか、「有名大学、一流企業に行っているから価値がある」というレッテルで評価するのは、本当の意味でその人の本質に向き合う気がないからで、それが、もの扱いしているってことなんです。

またそれは、「自分が、きちんとした価値観を持って物事を見ることができる」と思えないことの、裏返しなんです。

相手がどんな存在であろうと、その本当の部分をあなたが見ようと思わなければ見えないし。当然、相手に向けていない温かい、理解あるまなざしで、逆に自分を見てもらおうとしても、それは無理ですよね。

なのに、「周りはちっとも私を理解してくれない。だからいやなんだ」と言って、また閉じこもるっていうのも虫がよすぎる話でしょう？

人に限りません、実際に相手がものだった場合でも同じですよ。

あなたが、大好きだから、という理由でいつも大事にそのバッグを持ち歩くなら、バッグだってきっとうれしくて「あなたのバッグ」でありたいと思うでしょう。

でも、「◎◎のブランドのなら何でもいい。高級品だから自分も立派に見えるし」って理由だけで何個も買おうとするなら、正直、バッグだって気を悪くすると思うな。

「もっと僕の本当の価値をわかってくれる人のところに行きたい」って思うのは、バッグも彼氏も同じだと思う。

ばあやの知る限り、王子さまたちだって、「王子っていうだけで寄ってくる女なんてうんざりだよ！」ってみなさんおっしゃってますよ（笑）。本当はそういうものでしょ。「俺は王子だ、すごいだろう」なんて威張って喜んでいるのは、大体にせものの王子よ。私はそう思いますね。


それにね。

あなたが「人から大したことないって思われたくないので、黙っている」というのは、やっぱり「人間っていうものを、そもそもよく知らないから」だと思います。

人間と、自分自身と、きちんと付き合う癖がまだついていないからだよ。

別段ほかのみんなだって、さほど立派なもんじゃないのです（笑）。

だめなところはいっぱいあるし、日々修正しながら、生きる道を決めているし、何より、「人間って未熟だけど、正直恥ずかしかったり、歯がゆかったり、苦々しかったりするけど……。でも、それだから人間っていいのかもね」

っていうのは、本当はみんなが思っていることなんですよ。

だから、同じく誰もが、本当に正直で素直な人なら、「お互い様じゃないか」って助けたいとも、思っているものです。だって自分も助けてもらいたいからさ（笑）。

それに、この世においては本当に、

「なかなか自分のこと、好きだって言いきれないけどね。でも少しでもそうなれたらいいなと思って、がんばってはいるんだ」

っていうのが、ほぼ人類全体の本音といってもいいんだよ。

そんなすごく大事なことだって。

たとえば友達と並んで座っていたら、ごく当たり前に聞くことができる。世界ってそれくらい「貴重なものが無造作にキラキラ落ちている」、そんな場所だから。もしそこにいたら、その素直に話す顔を見て、あなたはそれだけで本当に感動してしまうかもしれないじゃないですか。

「素直なのって、なんてかっこいいんだろう！」って。

特別に取り寄せたんじゃない、その場にいたからこそ知ったこんな輝きは、お城の中には決して差してきませんよ。

それにね。あなたが自分で作った壁に、だんだんやきもきしているように、
本当はあなたのその城壁を越えたくて、でもなかなか越えられなくて、
ハーッとためいきをついて、涙目になっている人たちが、

壁の向こうにも、わんさか立っているのかもしれないよ。

知らなかったでしょう？
あなたはそこもおひめさま。世間の事情に通じていないのです。
きみはまだまだ、うぶな甘ちゃんだ！（笑）

やっぱりね。
人間は、日々がむしゃらに生きているからこそ、エネルギーがあるし、生きているものが一番好きなものは、やはり生きているものなんじゃないでしょうか。

生きているっていうのは、ただそこに命がある、というだけではなく、「ほかの誰にもコントロールすることのできない、意思がある」ってことを意味しています。

押されたら押し返してくるのが、命で、それこそがエネルギーです。

本当にあなたがほしいのは、そんな〝生きている手ごたえ〟なんじゃないでしょうか。

確かにお気に入りの人形は、いつもきれいで、あなたの希望に合わせて付き合ってくれるし、あなたを傷つける言葉だって言わないでしょう。

生きている人間と接すれば、思いがけないことを言われてショックを受けるかもしれないし、こっちが願うほどに大事にはしてくれなくていらいらするかもしれません。

でも、あなたが本当に悲しいとき、思いがけない人が肩を抱いてくれたり。

あなたの成功を、一緒にジャンプして予想以上に喜んでくれたり。

買ったことのないタイプの服を大いにすすめて、新しい魅力を引き出してくれたり。

外側からもたらされるものは、実際「驚かされたり、時にはちょっと怖かったり」することが多いけど。

世界には〝うれしい驚き〟という表現や、〝怖いぐらい幸せ〟という言葉もあるように。

決してあなたの好みでない、知らない、おびえてしまうような何かが、それこそあなたの想像をはるかに超えた何かが登場することも、往々にしてあるんです。知っている道じゃない。

知らない道を通ったからこそ、わかっていなかったからこそ、「新しくわかる、知る喜び」と出会えたんです。

多く動き、多く勇気を出した人に、たくさんの経験は積み重なる。

あなたが本当に一番身につけるべきなのは、〝経験値〟なんじゃないでしょうか。

もしあなたが、

「今度は自分の経験値で、さらに大きなお城を建築しようと思うわけですよ！」

と言い出すなら、私は大いに賛同して、この豊富な人脈で適切な建築家を紹介してさしあげますし（ガッツポーズ）。

「とりあえず、この今のお城から脱走してみようかなと」

と言うのなら、城壁の下に馬を用意してあげてもよろしいですよ。

長年お世話になった美しいドレスをジーンズに履き替えて（どこからか入手？）、長い髪も軽快にばっさりやって、高いヒールは蹴り飛ばしてスニーカー姿になって。

今まで閉じこもっていた人とは思えない俊敏さで窓を越え、壁をよじ登り、つるをするすると滑り降り。

見事、馬上に着地して、鼻歌を歌いながら、どこにでも行ってみたらいいんじゃないかと思います。


生きているって、そもそもどうやったって冒険なんですから。

「それなら何でもやってみなくっちゃね。何事も経験っていいますしね」

あなたが自分からそう言ってくれたら、こんなにうれしいことはありません。


明朝、王様、お后様には、代わりによろしく言っておきますから。

どうぞ、いってらっしゃいませ。ばあやのひめさま。

まーさばあや

親愛なる双子座へ

Ⅱ

★双子座★

**双子座とは決してスピードを争ってはいけない。
あなたは地面を走るが、
彼らは気流に乗ってやってくる**

● 区分
二分類：男性星座
三分類：柔軟宮
四分類：風の星座
守護星：水星

● 得意なこと　好奇心を発揮する、すぐに動く、臨機応変に対応する、いろいろな人とかかわる　**● 不得意なこと**　物事を黙殺する、人や情報と距離を置く、知らないままでいる、同じ状態を保つ

● 性格的に顕著なところ

★思考、行動共に敏捷で、極端に男性的、女性的になることはなく、ユニセックスで若々しい魅力の持ち主である。頭の回転が非常に速く、一定のスピードで「新しい何か」へと関心が移っていく傾向。これは「好奇心を満たすもの」=彼らのエネルギー源となることが非常に多いため、常に新しい情報、さらなる展開を必要としているからである。その柔軟な発想力、すばやい判断力は 12 星座随一。これは「普段から情報を複数持っているので、いざ判断する段階から材料を集める必要がない」ことと、「先が早く知りたいので、とっとと判断する」、かつ「何事にも執着心が薄め」などの理由がある。また、その好奇心は、一般的な流行ものである場合も、ごく個人的な興味の対象である場合もあり、ここには個体差がある。ただ双子座は「流行っている」から好きなのではなく、「目新しい」から好きなのであり、そこに「他者からの評価を気にする思考」はあまり介在しない。
★基本的に明朗で公平な性格だが、裏を返せば全体に対して冷淡で愛情深くない傾向。不調時にも極端に人を避けたりはしないが、その対応は雑で神経質になる。その常に流入する情報の量ゆえに自家中毒的になり、精神的なバランスを崩しがち。双子座の問題はすべて“過剰”から起こる。
★相手に対する好意は「多く話しかける」ことで示し、情報を共有したがる。逆に無関心な相手には話しかけないか、一定以上の対話を持とうとしない。双子座は恋愛にも移り気といわれるが、厳密にいうと「単にひとところにとどまりにくい」だけで、むしろ“恋愛至上主義”なタイプではない。

● 双子座の人生の課題

「たくさんの出来事が、あなたの中を通り、また流れていく。
その中で“おもしろかった”ことだけもらおう。余分はいらない。
あなたはいつでも手に入れられるのだから」

カカカカッ（タクトで譜面台をたたく音）。はいはい。静粛にお願いします。

双子座のみなさん、ようこそお集まりいただきまして。


今日来ていただいたのはほかでもありません。

これからここにいるみんなで、『ドレミの歌』を斉唱しようと思います。


ん？　何か疑問とご不満のご様子？

なあになあに。みなさんご存じだと思いますが、『ドレミの歌』は長く歌い継がれている名曲ですし、歌詞もシンプル、メロディーも明快。

まどろっこしいことや小難しいこともありません。見せ場が、はっきりしていてキャッチーなところも双子座好みではありませんか。

かつ、この歌は短いです。

どんなにあなたが新しい物好きで飽きっぽかったとしても、途中でいやになることはないくらいですから。

まあ、文句を言わないで歌ったほうが早いです。

やりましょやりましょ。

で、ですね、一個だけ、歌う際に、気をつけていただきたい点があります。

今回はある決まったテンポで歌う必要がありまして。

……いえいえ、そんなに懸念されるほどのことでもありません。

みなさんは飲み込みも早いし、機転も12星座トップクラス。臨機応変、といったら双子座のことを指すといっても過言じゃありませんから、まったく心配には及びませんよ。

では、始めますね。

♪すちゃちゃちゃちゃちゃちゃちゃちゃ〜　すちゃちゃちゃちゃちゃちゃちゃちゃ〜（前奏）

どーはどーなつーの〜

ハイストップ～！

はいみなさん、今のテンポ、ちょっと修正お願いしますね。

今回はこの（楽譜を指差して）拍子で進行しますので、今のでは少し遅い。おわかり？

ではもう一回。

（再び前奏流れる）

どーはどーなーつ～

はい、とめて～！

はいーみなさん。かなり速すぎましたね。十分こちらの意図は飲み込んでいただいていると思いますので、くどくどは言いません。ハイもう一回。

（再び前奏）

そして以下数回、同じことが繰り返される。

だんだん不満の意が顔に出てくる双子座諸君。

何？　みなさま何かご不満で？

あら、困りましたね。むしろ私が思うに、みなさんはもう少し、うまくやってくださると信じていたのですが……。頭の回転がよくて、状況判断力があって、場の雰囲気が読めて、という前評判にいつわりがありましたかね。

がたん！（と、立って出て行こうとする双子座諸君）

おや、お帰りになる？

つまり、「双子座は、いつも飽きっぽくて何事も長続きしない。面倒なことからはすぐに逃げる」っていう部分だけ当たっていたということになりますが、それでもよろしい？

双子座、しぶしぶ席に戻る。

はい、おわかりになったようで恐れ入ります。

そうですね、私のほうも、説明がさすがに足りなかったなという風にも思いますので、改めて、何でこの歌をみなさんと一緒に歌いたかったか、この歌を歌うことに何の意味があるのか、をもう少しお話ししたいと思います。

私は何回も、みなさんが歌うのにストップをかけてきました。で、それをされるたびに、みなさんイラッとなさいましたね。

それは何でだと思いますか？

歌って、もちろんその作曲者の意図もあるでしょうから、もともとこのくらい、というテンポは決まっているものですが、本当はみんな「自由に歌いたい」のですよね。そのときの気持ちと、自分なりの解釈と、そんなもので、速くしたり遅くしたり、軽くしたり重くしたり。歌ってそういうものだからこそ、人間の心にいつもすんなり入ってくるんだと思います。

みんな無意識に、歌うときは「自分の自由に」歌おうとする。

それを私は、わざとさえぎったんです。

歌えと言ったくせに、〝自由に〟を封じました。だからみなさん、「怒」って表情になっていましたね。


そもそも、双子座のみなさんの気質は、この歌にすごく似ていると思います。

一般に、双子座っていうと、明るい軽快なイメージと同時に、軽薄、適当な印象も持っていることが多いと思います。ほかの星座の人だけじゃなく、ご自身でもそういう風に思い込んでいたりすることが多くて、それが私にとって嘆かわしいのです。


本当にそうなんですかね？


私が思うに、双子座は、自分のリズムやスタイルってものを誰より大事にしているんだと思います。

そうですね、それはたとえばジャズなんかのセッションみたいに、ちょっといい音を鳴らしているサキソフォンがいたら、うまく寄っていって、相手を引き立てながら自分もしっかり主張する。

色っぽい声で叫ぶシンガーがいたら、歌に合わせて盛り上げたり、ちょっと涙を誘ってみたり。

コーラスでも同じです。誰かに合わせて美しいハーモニーになったり、ソロの部分ではちょっとテンポを落として歌詞をじっくり聞かせたり、誰かのあとを追うカノンのように歌ってはもったり。

これは、

「自分というスタイルをしっかり持っていて、どんな風に扱ってもそこは揺らがない壊れない。多少の揺らぎをもって、むしろ自分のスタイルとしている」

そんな人でないとできないことです。

私はあなたがたをそういう風に理解しているんですよ。何か異論がおありですか。

……なさそうで安心しました。

もちろん、あなたのようなスタイルは、すごく独自性の高いもので、「こういうスタイルだ」とか、「こういう手法だ」とは表現しづらいですね。だから、それを見ても必ずしも理解する人ばかりではないでしょう。世の中ってそんなものです。

ある意味何でもありな、あなたの基準で考えると、まったくもって謎な理由で、あなたを非難したり、そこまでいかなくても「あいつはスタイルがない、そもそもひとつのことを真面目に追求する気がないんだ」とか言ってくる人もいるでしょうね。

それも想像に難くないですね。

そういうことが起こる理由、ご存じで?

この世は、みんながみんな、あなたほど「新しいことへの耐性がある」わけではないんですよ。だから、そう言われても傷つかないでください。

あなたは自分のアンテナにひっかかれば、すぐにそれを自分に付け加えてしまう。いや、それが〝できる〟人です。

だからあなたの本体は、いつもとどまることがなくて、「どんどんと何かが増えたり減ったりしても、それによって〝自分らしさ〟が損なわれるなんて、思いもしない」。これが本当のところですよね。

でも、世界には「同じ状態を強い力で守り続けることで、初めて〝自分でいられる〟」と信じている人もたくさんいます。どちらも正解なのです。

かつ、あなたに特徴があるとしたら、「自分の中に息づく好奇心を何よりも大切にしている」ってことと、「何でも取り入れてみれば、それなりにおいしい。食わず嫌いはもったいない」って思える、貪欲でたくましい、心の消化能力を持っているってこと。

決してグルメではない、「人生のおもしろそうなこと、何でも食べてみたい子」ちゃん。単にそういうことなんじゃないでしょうか。いやいや、すばらしいことですよ？

実際にあなたが経験できる音楽の、世界の豊かさは、その無党派流な方法論のおかげで得られているんですから。

しゃべるときにも食べるときにも……。その〝舌〟があなたの最大の武器ですね（笑）。

ですからね。

「どうしなきゃいけないより、今どうしたいか、を優先するのが私なの」

今後は、誰かに聞かれたら、自分自身に尋ねられたときにも、そう答えるのはどうでしょう。

あなたの代わりに考えておきました。

短いですが、双子座さんたちの本質をとらえていると思うんですけど、どうでしょう。


で、最後に、「なぜ『ドレミの歌』なのか」についてお答えしなければですね。


う〜〜〜〜ん？　これ説明がいりますかね。

だってまんま、あなたのことを歌っているかのようじゃないですか。


ドのドーナッツ。

何で真ん中に穴が開いてるんだ……。いかにも「指を突っ込んでくださいな」と言わんばかりのユニークなルックス。味もおいしいですけど完全にアイディア勝ちじゃないですか。存在自体が〝シャレ〟みたい。まるであなたです。

レのレモン。

別にしょっちゅうかじるわけでもなく、どかーんとメインに使うわけでもないのに、ちょっとですぐ「レモン味！」ってわかるあのインパクト。しかも安くて世界中どこにでもあります。そして何もかもをさっぱりクリアにする清涼感。実にあなたですね。

ミのみんな。

みんなあなたのことは大好きですよ。それはあなたが、みんなに均等に目配りして、話しかけて、笑わせようと思っているからですよね。そんな人を嫌うはずもありません。

それに、「誰でもあなたを知って」います。「そんな子いたっけ」とか言われません。あなたがその場にいることで灯る、不思議な明るさをみんなはよく知っていますからね。それが双子座です。そうあなたのことね。

ファはファイト。

そうそう、知られてませんが、常に楽しいことを探すのは体力勝負です。頼まれてもいないのにね(笑)。好奇心1回、100mダッシュくらいのエネルギー量です。

そういうオリンピックがあれば、もっと双子座がメダル取ってくると思います。

ソは空ですね。

多分、今後人類が空に住む方法を考え出したら、ほとんどの双子座は空ハウスに移住するように思うんですが、どうですか？　気ままなあなたにぴったりの世界です。あなたの柔軟さなら、うっかり落下してきちゃうこともないでしょうから。ときどき、宙に浮かぶんじゃないかな、こんなにすばやく動くと……って、私なんかは思うくらいですよ。

ラは、ラッパ。

はい、一見「すごく単純」そうでいて、何と唇の微妙な動きで音を出し分ける……という、俗称ラッパことトランペット（笑）。それでいて「勢いだけで乗り切っている」感がやっぱりある、ユーモラスでおちゃめな楽器ですね。出番は少なくても主張は明確だしね。どこをとってもあなたです。

で、最後ですよね。シはしあわせ。

あなたがこの歌のようにいつもいてくれたら、周りも幸せ。

何よりあなたが幸せではないですか。

確かに新しい何かを常に追い求める人生はおもしろそうです。あなたにも合っています。とはいえ、「飽きて、次、次と行く」ことをやっていたら、いつか渡り歩く先もつきて、「飽きる、ということにも、飽きる」日も来ると思います。実に客観的な予測です。

そのときは、どうしましょうね……。

ですから私はあなたに、「次々、気の向くままに100曲歌う」ことより、「同じ歌を100回歌ってみる」ことをおすすめします。なぜならそのほうが、「歌の奥深さ、本当の意味でのおもしろさ」にたどり着く可能性が高いからです。

そっちのほうが、絶対おもしろいですよ？

まだ、やったことないでしょう？

さらに、ひとつのことをとことん掘り下げるために必要なのは、

「常にそこに新しい可能性や興味を見出して、さらに追求してみたいと思う好奇心。

そしてバイタリティー」です。

うむ。やっぱり誰に向いているっていったら、あなたしかいないじゃないですか。

人になんか頼らなくても、おもしろさや愉快さ、興味深さ、掘り下げたくなる気持ちなんかをどんどん湧かせて自家発電できる人にしか、こういうアドバイスはできません。

地味にいやいややらされちゃ、歌がしょっぱくなっちゃいますからね（笑）。

どうでしょう？

このシンプルな『ドレミの歌』を、
実に100通り、どれも秀作で、バリエーションに富んでいて、
しかも、何回歌っても、まるで初めてみたいに楽しく聞かせられるなら。
そんな柔軟で愉快でまったくもって若々しい心を持ち続けられるなら。
誰が何と言おうと、
あなたの人生、かなり最高だったといってもいいと、私は思います。

もう、八割がたそういう感じで、メロディーも聞こえてきそうですけどね。

ご清聴ありがとうございました（深々と礼）。

マエストロまーさ

親愛なる蟹座へ

♋

★蟹座★

蟹座には愛されなければならない。
そのためなら何でもしよう。
彼らの与える愛と庇護は、十分その価値がある

● 区分
二分類：女性星座
三分類：活動宮
四分類：水の星座
守護星：月

● 得意なこと　人、物事に共感する、庇護する、守るべきもののために戦う、豊かな情緒を発揮する　● 不得意なこと　客観的立場に徹する・第三者的立場を守る、淡々とこなす、人に任せる

● 性格的に顕著なところ

★基本的にやさしく、気さくで面倒見がよい。男女共に、やや女性的な性質が前に出やすいので、女性より男性のほうがややウエットかも。気質は快活で行動的。基本姿勢はポジティブで、現実的な物事の計画と達成、そのためのコミュニケーションなど、実務に実に長けている。発想は庶民的で、遠いものに憧れる、思いをはせる……というよりは、現実的なレベルでの希望や願望を抱きやすい。自分とはるかに違う次元のものには憧れない傾向。
★初対面の段階では往々にしてみんなに親切だが、実際に分け隔てない性格というのではない。蟹座にとっては、自分との“共通点”が大事な愛情の基準で、味方だと判断するととことん信じてくれるが、相容れないと感じると、ある意味徹底的に排除する面もある。愛情表現は男女を問わず「相手に対して、細かく神経を使い、実際に世話を焼く」ケースが非常に多い。時として相手の成長、変化を阻むエネルギーにまで発展するケースもあり、この“情の加減”が蟹座のアキレス腱である。蟹座自身も大体、「困ったもんだ……」と自覚している。
★料理や掃除など、日常生活のスキルに長けているケースも多い。もしくは生活というジャンルに関心が高く、さまざまな工夫によって能力を発揮する(衣食住をまるで省みない蟹座はほぼ皆無)。大概、趣味や志向は一般的、かつメジャー志向だが、時に「自分のスタイル、趣味、生活習慣」に強くこだわり、マニアックな個性にとどまろうとする蟹座もいる。

● 蟹座の人生の課題

「愛せることは才能だ。それを決して忘れても卑下してもいけない。
ただ、どう愛すかは学ぶ必要があるだろう。
また、こんなにも深く愛せること自体を喜ぶ姿勢も大切だ」

ざわざわざわざわ。

あ――――はい。静粛に願います。

今日は「星座講義・第4回蟹座」にお集まりいただきまして、ありがとうございます。

いや〜〜すごいですね。大盛況です。

毎回、蟹座の回は混雑するので特に大きな会場を用意してもらったのですが、また予想を上回りました。

なぜか「蟹座」の冠をいただいたものには人が殺到する、という法則性があるようです。

もちろん、蟹座のみなさんが、「自分を知りたい！」という動機をほかの星座より強くお持ちだから……ってのもあるでしょうし。ほかの星座の方の中にも、蟹座をよく知りたいと思っている人が多いんでしょうね。

さすがは「国民的アイドル」の星座です。

うん？　何それ意味わからないって？　まあ、いいじゃないですか。あとでご説明しますよ。

ああ、これも忘れちゃいけません。

蟹座のみなさんは、「人の共感を求めることで、信頼関係を築く」ことでも有名です。簡単に言うと「いいと思ったことは人に話したいし、それをいいね！と言ってくれる人を信用する傾向が強い」ということですね。

おそらく、前の講義を聞いておもしろかったら、10人には宣伝してくださっていると思います。ちなみに「よいと思ったら、3人に話したくなる」のが人間の一般平均だそうです（笑）。蟹座特有の伝播力がうかがわれますね。


では、さっそく本題に入っていきましょう。

そのつどご質問もお受けしていきますから、挙手してくださいね。


まず、蟹座のみなさんのよい面、愛すべき面について考察したいと思います。

先によい面から取り掛かるのは、「蟹座は警戒心がとても強く、出会ったかなり早い段階で、〝自分にとって敵か味方か〟を見極めようとする」という性格にのっとっています。先に「あなたに好意的ですよ～」とアピールしないと、みなさんに心を閉ざされてしまいますのでね、ハイ（汗）。

星座によっては、これは逆です。自分のいいところをあまり積極的に認めない傾向の星座の方には、逆に欠点からお話ししたほうが「確かにそのとおりだ。この話はおもしろい」と食いついていただけたりするのでした。確かに欠点のほうが、一部の人にとっては見極めやすいものです。

えーって顔してますね。そうですね、蟹座は、ご自分の欠点を、うすうすは理解しているものの、そっちに思考が向くと、それに対する否定的な感情が優位になって、そっちが先に爆発しちゃう傾向がやや強いような気がします。一気にがーんと落ち込んじゃったりね。冷静に自分の欠点を眺める、みたいな客観的な思考は苦手ですね。

基本的に蟹座は賢い星座ですが、理性的かというと、そうじゃありません。

体や感覚の部分はとても賢いので、直感的に判断したことや、その豊かな感情で「これはこうすべきだ！」と受け取ったことは、大体合っています。

合っているというのは、間違わない、という意味じゃないですよ。

「今の自分にとって、必要なことを選び取る」ことができるってことです。

だから時には、「あえて自分に難しいこと、困難なことを味わわせる」ことだってあります。

蟹座は基本的にタフな星座ですし、バイタリティーもトップクラスですから、〝体験主義〟、つまり何事も実践で学ぶのに向いています。そのほうが身につくし、泣いたり笑ったりできて、みなさん的にもおもしろいからでしょうね。


逆を言うと、「実際には動かないで、理屈の中だけで想像する、展開する、コミュニケーションする」みたいなものは、苦手なようです。

だから、初対面ですごく相手に警戒するのかもしれないですね。

その少ない情報、一般に〝言葉〟になりますが、その〝言葉〟に真実があるか、うまく言ってだまそうとしていないか、みたいなことを理屈だけでは判断しきれないので、基本的にはまず、ガードするんだと思います。

うっかり内側に入れて傷つけられたくないですからね。

そう、蟹座は心を閉ざしつつその人の近くで生きる、っていうのがまた大層苦手なので、近づけるなら100パーセント心を許したいし、警戒し続けるのが苦しいので、最初が税関並みになるんだと思います。

だから、多くの場合、初対面に近いとき、蟹座はすぐに「ランチしない？」とか「今日飲みに行こう」とか誘ってくれます。そう、見定めようとしているのですね。

で、こいつは味方だなと思うと、大体、いきなり家に呼んでくれたり、おそろいのもの（つまりおすすめの品）をプレゼントしてくれたりします。税関のあと、一気に距離をつめるのも蟹座の特徴ですね（笑）。

そもそも蟹座は、「家庭や衣食住、家族」などを司る星座ですから、「家に呼んでくれて」「一緒にものを食べて」「何か身につける系のものをくれて」といったら、家族も同然ですね（笑）。

打ち解けた、ということです。

その基本資質は、あくまで庶民的で愛情深く、何より「人とつながりたい」というエネルギーに富んでいる。それが蟹座だと受け取っていただいて、よいと思います。

しかし、多くの場合、この「気さくな世話焼き風気質」が問題を生むこともあるわけですねー。ハイ？　あ、質問が出ましたね。どうぞそこの方。

……蟹座にいろいろしてもらうのはうれしいが、ときどき迷惑な場合、どうしたら？

あー、ちょうどいい内容ですね。ありがとうございます。ハイ、私が今触れようとしたこともそこでした。

蟹座の発する愛情のエネルギーは、基本的には「何かしてあげたい」がベースのものです。つまり〝無償の愛〟ね。だからこそ、蟹座は「母親の星座」ともいわれるわけですが、いやー、現実の蟹座さんが本当に無償の愛だけでやっているかというと、それはないです。

むしろ、くれくれの力はすごいです。

いや少し違うかな？

「自分はこれだけのことをするのだし、当然相手もそのくらいのことはしてくれるだろう（だってそこに愛があるんだから）」

と思っています。何かしてほしがっている、という意味で言うとノーなんですが、自分は「人様に何かしてあげるのが好きだし、まったく面倒ではない」ので、愛しているのなら、相手もそうだろうという風に思っている確率が非常に高いです。

つまり、〝他人に対する期待値も高い〟のが、蟹座のもうひとつの特徴ですね。

なんとなく想像がつくかと思いますが、人によって「人との距離の持ち方、愛情の示し方、受け取り方」はかなり違います。そして、星座によって……も、しかり。どんな気持ちのとき、どんな風に行動するか、それは本当に千差万別で、表面的なことだけで判断しきれるものではないし、人がどうこう干渉していいものでもない。

頭では、みんなそれはわかっていると思うんですよ。

でも、そもそも蟹座は、先ほども言いましたが理性優位ではないし、客観的でもありません。かつ、まあ純真なんでしょうね。根がね。だから「そうは言っても愛情はみんなが欲しているものでしょう。だから通じるはず」という発想もあると思います。

これは、子供がどうぐれていようと、「いや、ぎゅっと抱きしめてしまえば伝わるはず」的母親の対応と少し似てますね。間違ってはいない感じがしますが……。いつもいつもそうなる、と高をくっていてはいけない気もしませんかね？

そう、この純粋で単純であるがゆえに、「自分の価値観を押し付けてしまう」、一種の正義感といいますか。

「自分の感覚こそスタンダードである」みたいな、正統の感覚も、蟹座らしいところです。確かに、お母さんって、半ば「客観性を押し切るほどの強い主観性」のエネルギーを持つ存在でもありますからね。「うちの子が一番！」とか（笑）。

まあ、そうでなくては子供は安心して育つことができませんし、発育の初期段階では、そういう絶対的な愛情って実際に必要だとも思います。

もちろん、12星座の中にもです。

だからですね、実際の蟹座さんでも、「自分の愛情深さ」に傷ついている人というのは多いです。

現代社会はかなりゆがんでいるというか、まっとうなものがそのままっとうである、ということはあまり許されない社会でもあるので、素直に愛しているよとか、守ってあげたいとか、ごく当たり前の感情や言葉を、表現しづらいと思います。そういうものを持っているのが、むしろかっこ悪いくらいに思われているフシもある。

だから、どうしても蟹座ちゃんはフラストレーションがたまり、行き場のない感情を抱えざるを得ないのかもしれません。傷つきたくないから、一生懸命「損しないように愛する」ことを覚えようとしたりね。

これは非常に嘆かわしい。


あ、そちらのお嬢さん蟹座かしら。ちょっと涙目？

ですよねー。確かにあまりに押し付けがましくなったり、いきなり排他的になったり、「私は相手の気持ちがわかっている、こういうことが喜ばれるに違いない」と思い込みすぎて、その読み間違いから周りがちょっと迷惑したりってことはよくあるにしても……。

あ、すいません。さらに泣かせた？

でもですね、蟹座はそのままでいいんですよ。

私はそう思っています。


さらに思うのですが。

蟹座に必要なのは、「そのパワーを何とかして抑える」方法を探すことじゃなく、「ただひたすらに注げる、全身全霊で打ち込める」何かを一生懸命探して、

「こんなに打ち込める何かに出会った私って、なんて幸せなんだろう」と実感して生きることなんじゃないかしら。

あ、誰か、じゃなくて、何かですよ。

そもそも、蟹座の力は、人間ひとりに注ぐには強すぎるし、かつ、いいお母さんはある程度子供を育てたらあっさり手放していくものです。「さあ、行っておいで！」ってね。

どんな愛も、度が過ぎたら害になります。

愛と称して相手に執着して、「自分がいないとだめなんだ」と思い込み、思い込ませようとするのは愛じゃないでしょ？ そういうお母さん、怖いでしょ？（汗）

でも、そういうさじ加減、本当に難しいから、自分の力のコントロールをまず学ぶには、やっぱり相手は人間じゃないほうがいいと思います。そこでいろいろ試行錯誤したり、考えたり、進んだり戻ったりして、精神的に本当にたくましくなって。

「愛したいと思う気持ちは、大事にしたいと願えるエネルギーは、何物にも替えがたい宝なんだ。それを生まれながらにたっぷり授かった自分は、幸せだ」

この、すごく大事なことに気がついたら。

蟹座は、心底、懐の深い人、になれると思うんです。

だから、常に「愛した」と「愛された」がイーブンになるようになんて、気にしないでください。

余分に愛していたっていいじゃないですか。

「理解してあげたのに、返さない」とか、「愛してくれるなら譲歩してもいい」なんて計算やめましょう。

そんなの、あなたに全然似合わない。

それに、多分その計算間違ってるし（主観優位な人が計算なんて無理）。

私は「……今のところ、ぎりぎり愛されているほうが多い。損してない」なんてあなたより、「あまりにも感動しちゃって、同情しちゃって、あるもの全部あげちゃったよー。あはは！」みたいなあなたのほうが好きだなあ。

そんなあなたを、いったいほかの星座の誰が粗末になんか扱えましょうか。

あ、何かまだありました？
「国民的アイドル」についてまだ聞いてない？
ああ、そうでした。さすが蟹座。ほめてもらえそうな話題はのがしませんね（笑）。
了解です、では最後にそれをお話ししますね。

私、蟹座は「サザエさん」だと思ってます。ハイ。
……何かご不満のご様子。もっときれいめの女優とかだと思ったって？
いやいやいやいや。あなたおわかりでない！

ごらんなさい。「サザエさん」が蟹座じゃなくて何が蟹座ですか。
みんなでミューズとあがめるべき存在ですよ（ちょっと意味違う？）。
じゃあ私がちゃんと読み解いてみせますよ。

彼女は正直、美人でも博識でもありません。うっかりおっちょこちょいキャラですよ。
ご家族大勢と住んで、専業主婦です。ええ、普通ですとも。

でもそれが何か？

これだけスペックが平凡なのに、このインパクト！

日常の中に別段派手なイベントとかもないし、服装、行動、交友関係、いたって普通です。でも何はなくとも、実に幸福そうです。あらゆる世代のいるご家族との絆も実に深そう。わいわい言い合えるのは、本当に心が通じ合っているからです。ひねくれてないからですね。

そんな穏やかな環境で、いつも笑いを振りまいてます。これまたのんきな笑いです（笑）。テクニックなんかじゃないです、人柄です。

すぐにかっとなったり、大笑いしたり、泣いたりしますが、それもまたよし。

愛すべき人でしょう？

みんなが彼女を愛すのは、本当に朗らかだからで、まっすぐだからで、一緒にいて気持ちがいいからです。細かいことを気にしてひねくれたり、パワーゲームしたり、しません。

そして、そんな、人間としてごく当たり前の存在が、いったい何年日本に君臨していると思います（笑）。

本当に愛されるものって、概してものすごくシンプルな存在なんですよ。
で、もしそれになれるなら、筆頭候補はあなたですよ。

愛されたい愛されたいと言うのなら、どーんと突き抜けて「国民的アイドル」くらいを目指しなさい。
愛はどんぶり勘定が最高です。かつ、「人生全体でつじつまが合えばいいか」くらいがいいですよ。

大丈夫、幸せになれますとも。まずは、それを疑わないことです。

あ、みんな笑顔になりましたね。よろしい。
結局のところ蟹座はみんな素直なお人柄ですよ。ファイトもあります。
人生、元気があれば何でもできるって、言うじゃないですか（笑）。

まーさ教授

親愛なる獅子座へ

★獅子座★

**獅子座と一緒に荒野を旅するのは最高だ。
日が昇るたびに成長する相棒ほど、
見ていて楽しいものはないだろう**

● 区分
二分類：男性星座
三分類：不動宮
四分類：火の星座
守護星：太陽

● 得意なこと　ひとつこれと決めたことに熱中する、寛大になる、集団のことを考え、努力する　● 不得意なこと　自分だけのために動く、人と争う、情熱の発揮と冷静な計算を同時に行う

● 性格的に顕著なところ

★明朗で正直。気質は男女共に男性的で、どっちかというとのんびりや。誠実で、具体的な手ごたえのある生活を好む。多くの場合運動神経もよく、机で思考するよりはすぐに行動に移し、その中から実態をつかむほうに適している。気持ちの切り替えなどはあまり早くない。なぜか獅子座は自己評価に悩む時期が、ほかの星座に比べ長い傾向がある（無意味に高いケースも、まれにある。笑）。実際の行動面はともかく、精神的な成長に関しては、大器晩成型といえる。自らの"理想主義"と折り合いをつけるために、時間が必要なのでしょう。
★物事の外見やイメージにこだわる部分があり、時として見栄っ張り。大概にしてメジャー思考。「目立っている」「人気がある」など、好評価が集まっているものにひきつけられやすい。もしくは、ある種の"よい趣味とされる価値観"にも弱い傾向。
★実はかなり繊細な性格で、だからこそ、「おおらかで洗練されたものに憧れている」ことが多い。とはいえ、よく考えていそうで、実は結構凡ミス的行動も多い（笑）。でも神経質になると萎縮してしまうので、「あ!　すいません（笑）。うっかりで」と明るく対処したほうが周囲には好感触と思われる。友人は得てして多いか恵まれた状況だが、恋愛面においてはやや苦手。基本的には人をひきつけるタイプではあるが、好かれたい意図が働くと、急に難しくなる（笑）。男女共に、獅子座の魅力は、生まれながらの屈託なさにあるのだが、考えすぎると出なくなるんでしょうね。

● 獅子座の人生の課題

「もっと高みを目指したい。そう願う魂は健全だ。
でもあなたは生まれながらに完璧でもある。
それを理解することが、まずはすべての始まりだ」

みんな、ロッカールームへ集合をかけたのは、ほかでもない。

これから先生が、みんなにとって大事な話をしようと思う。


長い間、この〝チーム獅子座〟のコーチとして一緒に汗水流してきて、感じてきたこと。その中で、「もっとみんなを伸ばすために何ができるのか」。自分なりに考えたことだ。


基本的に私は、獅子座のことがとても好きだ。

本当に正直で、誠実な人柄だと思う。

どんな苦しい練習でもへこたれないし、面倒な備品の手入れや掃除なんかでも手を抜かない。

「ずるく立ち回って楽をしよう」という発想のない人間は少ないが、その数少ない人間を、私は獅子座だと思っている。

ただ、長く見てきたからこそ、獅子座ならではの問題点というものにも、気がついた。

みんなは、本当に融通が利かないな。かつ、大変に理想が高い。

別段、これは悪い性格ということはないが、大いにみんなを苦しめている部分なんじゃないかとは感じる。

思うに、これはある意味、太陽というきみたちの守護星の影響でもある。

太陽は何といっても、銀河系の中心にある星だ。占星術的にも「その人のありのまま、本質」を指すともいわれる。その星の影響を中心的に受ける獅子座は、まず「発想や行動パターンが往々にして、王道」であるのが特徴だ。

つまり言い方を変えれば、「一番、まっとうな発想をし、行動をとろうとする」「そうであろう、とする」ということだ。

きちんと、あるべき道を通って進もう、そうでなきゃいけないと考えるんだな。

重ねて言うが、これはいいことだと思う。

最初からサボることを考えたり、どこかはしょれないかな……って考えたりするようじや、先が思いやられるしな。

とはいえ同時に思うのは、「それも程度の問題なんじゃないか」ということだ。

獅子座は練習を欠かさない、何かを必要とされればきちんと責任を果たす、人が見ていないからって怠けたりもしない。だから往々にして、「実力はすでに備わっている」のだ。ならば、実際の試合に出てバンバン活躍し、得点しまくるのか、というと、実は意外とそうでもない。

ここは突っ込んで決めろ！というときに誰かパスを出す相手を探してしまったり、渾身の力で振りぬけ！というときにやや軽くなったりする。特に攻撃のときだ。

あれは何でなんだろう、と思った。

守りのときは、大体強い力を発揮する。「大事なものを敵から死守する」ときのブロックなんて、反応は速いし当たりは強いし天才的だと思う。目つきさえ違うじゃないか。

なぜ「今というときを守る、維持する」ときには、あそこまで攻撃的に積極的に動けるのに、「未来をつかもう、新しい挑戦をしよう」とするときにはしり込みしてしまうのだろう、と。

先生はそれが、長く不思議だったんだ。

最初は、自分が目立ちたくなくて縁の下の力持ちに徹したくて。

それでこうしているのかな?と思った。

実際。獅子座は仲間を大事にするし、人を犠牲にしてまで自分を立たせようなんていう姿勢は、ほぼ、ない。だからこそ、基本的にはチームプレイヤーなんだろうし、たくさんの存在と信頼関係を作り、みんなで伸びていく、結束して強くなっていく。

そういうところに人生の魅力を感じている部分もあると思う。

でも、なんだか先生は納得いかなかった。

ほかの「完璧にチームプレイヤー型」の星座を見てきた経験もあるし、獅子座がそれとまったく同じとは思えなかった。

その目の光から「本当は、自分を究極に輝かせたがっている」野心が見て取れたからだ。

本当は、〝何よりも自分〟と考える自己中心性があると思った。

いや、これは悪い意味じゃない。

ある種、スタープレイヤーになる人間にはそういうところがないといけないし、逆を言えばチームにもスターは必要なんだ。

別にスターは、みんなより優位な存在なわけじゃない。

「チームの中の、〝スター的役割〟を果たすポジションのひとり」っていうだけのことだ。

それを理解し、役割に徹する力を持っている人が、その役を果たす。

そういうことだ。

獅子座にも、その役割を果たしたい願望があるのはわかっていた。

でも、チャンスを与えても、そこから逃げようとしているようにも思えた。

これは何なんだろう？と。

私が思うに、獅子座はやっぱり臆病なんだろう。

獅子座＝百獣の王のイメージから、一般にはよく大胆で勇気がある星座と思われがちだが、現実にはそんなことはない。

かといって、ほかの星座と比べて弱いということでもない。

普通なのだ。

何かほかの11の星座たちと違うとすれば、「自分はこのくらい強くなければ、立派でなければならない」という気負いを、往々にして背負っていることだ。

これが、王道の星座たる、宿命なのかなと感じた。

獅子座は人生の早い段階から、「理想とする自分像」というのを掲げているように思う。

それを、長いスパンで追いかける、そうなりたいと憧れ続けているんだろう。

でもかといって、「一刻も早くそこへたどり着こうとしている」かというと、むしろその逆だ。

できるだけ、そこには本格的に向かいたくないとさえ思っているフシもある。

いや、「自分はまだそこに向かうには値しない」と考えているというのが、正確なところだろう。

理想そのものが高すぎて、いつも現実の自分は、「それに満たない、未熟な存在」と認識されている。

それが獅子座のメンタリティーだと、先生は感じている。

だが。

長いこときみたちと向き合ってきた人間として言わせてもらいたいのだが。

それこそが、獅子座の臆病さなんじゃないだろうか。

今の自分、というものをそのままに受け入れようとしない。

みんなにとっての〝自分〟とは、ある日たどり着くかもしれない、〝理想の状態〟の自分のことで。

今の自分はまだその途中なんだ。まだ準備ができていない、まだ能力が足りない、自信が足りないと毎回エクスキューズをつけて。「これはまだ自分じゃないです」といいわけして。

「今こそが、人生の中でもっとも大事な、そのとき」かもしれないのに、無我夢中で飛び込んでいくことを永遠に避けている。

そうなんじゃないのか。

その「本当の本当になったら、自分はすごいはず」というプライドに惑わされて、いつまでも今の等身大の自分を受け入れないことで、失っているものがあると、賢いきみ自身がまったく気づいていないとでも？

そう感じるからこそ、獅子座諸君。みんなに話しておきたい。

獅子座にとって、「人生のゴール」を見つけることは、本当はそこまで重要じゃないんだ。
私が思うに、きみたちは「この世に生まれてきたこと自体が、すでにゴール」なんじゃないだろうか。

日々を率直に生きること、毎日のがむしゃらな自分を「ただそのままに愛すること」。
何かを達成したから、誰かの役に立ったから、大いなるものを見つけたから。
そんな理由は、そもそもいらないんだよ。

ありのままの自分、未熟でも、くだらなくても、迷いだらけでも、泣いてばかりいても。
それが自分だというだけで、人は自分を愛することができる。
すべての英雄的行動は愛から始まり、その愛は、「自分自身への愛」から始まる。

これこそ、人間の世界の究極の〝王道〟じゃないだろうか。

そして。

獅子座諸君、きみたちが憧れてやまないのは、おそらくヒーロー（主人公）になることなんだろうと思うのだが。

この世界はすべての人が、その世界の主人公を演じている。

ドラマは人の数だけあるのだ。

だから、「どんな人間でなくては、主人公にはなれない」なんて定義もない。

それぞれの人生の数だけ、主人公像というのもある。

だから、「もっともきみらしい人生を歩むこと」が、きみの物語の主人公に求められることでもあり、エンディングの形でもあるんじゃないだろうか。

それを達成することが、何より第一だ。縁があればドラゴンを倒したり、お姫様を助けたりすればいい。だがこれは、必要不可欠条件じゃないよ。


わかってもらえただろうか。

うん？　まだしっくりこない？

「自分は本当に、自分の人生のヒーローになれるのだろうか」って？

なるほど。きみたちはそもそも「ヒーローというもの」を勘違いしているな。

これも獅子座の大きな特徴だが、結構性格がおおざっぱだ（笑）。

ここまで長く追い求めているわりに、その自分が追いかけている対象がいったい何なのか、何をもってしてそうあるのか、などを真剣に考えたことがないようだ。

探し物が何であるかを深く考え、しっかり確認する前に、先に飛び出してしまい、当然見つからないまま幾年月……っていうのをしょっちゅうやっている。これは、きみたちに関してもっとも謎な部分です。先生からすると。


話を戻して、じゃあ「ヒーローとはそもそも何か」を少し考えてみよう。

たくさん定義づけすると、また獅子座は混乱してしまうからな。

混乱すると大体、いつもの悪い癖（つまり引っ込み思案の努力家）が出る。

あぶないあぶない。

一番身近なヒーローといえば、物語やゲームに出てくるものだろうか。

……ちょっと思い出してほしい。いろいろなケースがあると思うが、先生の目から見ると、ヒーローの共通点、典型的な部分といえばここだと思う。

まず、「ヒーローにはいつも余裕がない」。

大体大きな使命を突然授かるし、しかも時間的、物理的にも差し迫っている。

「こんなにでかいことを、こんなにぎりぎりのところでやらなければならないなんて！」

という精神的重圧に苦しめられる。が、それに打ち勝って、

「でもやるしかない！」

と思い、結果、やるのが彼らだろう？

誰も、早い段階から自分に迫ってくるピンチを知ってはいないし、ゆっくり考えるひまもない。かつ、下手すると大した装備もない、能力もないまま旅に出ているじゃないか。

つまり、本当に立派な人間、能力のある人間だからヒーローになれる、という定義は、成り立たないな。

唯一、共通する能力があるとすれば、「どんな過酷な条件、不利な立場であっても、最善を尽くそうと前を向く」姿勢だと思う。

それに獅子座には得てして、「自分を磨けば強くなれる」「鍛えれば立派になれる」という発想があるようだが、ある意味、正解とはいえ、絶対的にそういうもの、というわけでもない。

だって、明らかに棍棒に布の服……みたいな「まったく戦闘の準備がありません」という状態でも、戦う意志のある者は戦うじゃないか。

つまり、「勝ち目があるから、能力の見せ所だから」じゃない。

「やりたいか、やりたくないか、ではなく、やらなければいけないと感じたから」なんだ。


わかるね？


もうひとつの共通点は、「ヒーローとなってからだって、迷う。苦しむ」ってことだ。

物語の先頭に立つということは、

「物語の中に起こる、すべての出来事を味わわざるを得ない」

という現実を意味する。

希望した面だけ見るということは許されなくなるし、また、どこかにたどり着ければ、もうそんな苦しみはないはず、迷い悩むことはないはず……そうなりたいと願ってみんなは努力を続けているのかもしれないが。

残念ながら、そんな世界はないのだ。

どこまで行っても苦しみは続く。

多くの栄光や達成、輝きを見る人生はその分、悲しみや苦悩、刹那も味わう。

世界の中心に立つということは、そういうことだ。


だからこそ。

その決して終わらない旅を日々重ねていく自分を。

そのままに愛してやる必要もあるんだと思う。

寛大で心やさしい獅子座のきみたちは、おそらく「どの人生も美しい」と自然に受け止めることができるんだろう。


ならば。

「自分という人生の今を生き抜こう。

何より、自分がいとおしいから。

最後まで、付き合うよ」

と、自分にだって言ってあげることは、できるだろう?

物語もゲームも、主人公が「もっとも優れた状態」になるころ、旅は終わる。
だからこそ、成長する自分を味わうこと自体が、道なんだ。

きみたちなら、できる。

人生は自分を信じて、行動あるのみ！
きみがまっすぐ無心に走って、世界が真空状態になるような痛快なゴールを決めるのを、
先生は本当に見てみたいと思っています。

そして、見ることができるだろう、ともね。

まーさ先生

親愛なる乙女座へ

♍

★乙女座★

乙女座は日時計だ。偉大なものに仕えることこそ彼らの喜び。ならばあなたが太陽になればよい。彼らは友人を尊敬したいのだから

● 区分
二分類：女性星座
三分類：柔軟宮
四分類：土の星座
守護星：水星

● **得意なこと** 平均的な状態を保つ、常識的でいる、物事を分析する、記録する、管理する ● **不得意なこと** 主観的になる、行き当たりばったりに動く、突貫工事＆一夜漬けなど

● 性格的に顕著なところ

★冷静で、多くの場合理知的。物事に対する分析能力が高い。専門的なジャンルにおいては高いコミュニケーション能力も発揮するが、社交的、とは違うマニアックな傾向。男女共にユニセックス的な性格。影響が強く出ると、容姿も中性的になる。几帳面で、特に正確に物事を進行する、保持する意識が高いため、スケジュールの感覚や記録保持の能力に優れる。感情には流されにくい、中庸な性格ではあるが、いったんバランスが崩れると、性格が極度に潔癖になったり、言動がシニカルになったりする。また乙女座の奥底に、日ごろの自分とは正反対の"退廃的、悪魔的願望"が見え隠れするときもある。
★常に客観的な「批判者、傍観者」の立場であろうとする。団体には所属するが、所属の意識は薄め。人間関係も、適度な距離感を持って人と接する傾向で、感情にかかわる問題は苦手とする。よい状態のときは、その冷静な判断力が全体によく影響し、集合体としても強度を増すが、状態が下がると、「何をしても気に入らない小姑（汗）」のようになってしまう。
★心身はあまりタフではないが、生活態度をバランスよく保つ能力も高いため、大きく健康を害することは少ない。やや精神的には繊細な傾向があるので、自ら自覚して、生活にリラクゼーションを日々取り入れることが肝要である。逆に、そう意識しないと、乙女座は「そういう無駄は省くべき」と思ってのんびりタイムを設けたりはしないのだ。

● 乙女座の人生の課題

「世界はいくら片付けても散らかす子供のようなもの。汚しながら育つのだからしょうがない。でも、どうせみんな死をもって整頓されてしまうのだ。だから、あなたも安心して世界を乱しなさい！」

はい次の方どうぞ〜。
……あれ、乙女座さんじゃないですか。
珍しいですね、あなたが定期検診以外で診療所にいらっしゃるなんて。
まあ、おかけください。

どうしました？　なんか顔色がすぐれないですね。そういえば。
……なんだか胸が苦しいって？
それはいけませんね、ちょっと見せてください。まず脈を拝見……（しばし診察）。

乙女座さんあなた、恋にでも落ちたんですか。
内側に、苦しみ、痛みをかなり抱えているようじゃないですか。
「なんだかわからないんです、自分でもそれがすごく不安なんです」って。
いつも平静なあなたからすると、かなり特別なことが起こっているようですね。

その自覚あります？

今から少しずつ、あなたが感じている痛みが何なのか、
私がわかる範囲で、お答えしていきましょうね。
だから、そんなにおびえた顔はもうしなくて大丈夫ですよ。

なんとなく思うのですが、
今あなたは、あなたの中で迷子になっているのかもしれません。
そして大事なのは、「今のあなたがどこにいるのか、急いで探す」ことじゃなくて、「どうして迷子になってしまったのか」。それを知ることのほうが、先決のような気がします。

そうですね、それはちょうど恋人とケンカして、相手が出て行ってしまったときの状態に似ています。
確かに動揺するし、感情も高ぶるので、「早く連れ戻さなきゃ！」と思うかもしれないですが。本当は「急いで状況を回復すること」ではなく、「なぜ彼（彼女）は出て行って

しまったのかを理解すること」のほうが、ずっと大事だとは思いませんか。

そうしなきゃ、もし彼（彼女）が帰ってきたとしても、また同じことが繰り返されてしまうかもしれないじゃないですか。

実際、「なぜに彼（彼女）は行ってしまったのか、わからないままでまたやっていく」ことは、あなたの性格からして、できますか？

ね？

そもそも、のところから戻って、一緒に考えてみましょうか。


乙女座は秩序と平和、安全性を司り、〝均整美〟を重んじる星です。

世界が常に過不足なく動いていく、〝恒常性〟を大事にするし、とっぴなことのない、「いつも変わらぬ、平均的な世界」を、居心地のいい場所だと感じる気持ちも強い。

そういう状態を少しでも保つため、生活習慣やものの考え方、人との付き合い方、仕事の仕方にいたるまで、自分なりのルールを設けるのも、実にあなたらしい特徴です。

「これが私らしいパターンです」

っていう世界が気に入っていて、だから、あまりその外に出てきたくありませんね？

そもそも乙女座には、「ああじゃなきゃ、こうじゃなきゃ」みたいな、社会的な欲も少ないし。どちらかといえば、自分の理性、知的活動のほうに満足を覚える性格でもあるので、元来強すぎる権力や虚栄心、依存心、執着心なんかとも、そもそも距離をとっているほうですよね。好みじゃないというか。

むしろ、

「何でみんながそんなにガツガツできるのかがわからないです。ほどほどのほうが、居心地がいいと思うんですけど……」

そう思っているくらいでしょうね。

この中庸の感覚こそが、何かと相対したとしても適度にかわしながら進める冷静さが、何より「穏やかなる日常こそ、もっとも美しい」と感じる美意識こそが、ある意味、あなたの本質でもあるのですが。

そうはいっても、そのあなたの聖域が脅かされる日はやってくる。

ある種、潔癖なくらい「自分の世界を守っている」乙女座のもとにもその波は確実に来る。

そのことに、気がついてしまったのではありませんか。

いや、実際にもう来てしまったのかもしれませんね。

だからこそ、あなたは自分の作ったルールの世界の外に、あ〜れ〜と放り出されてしまって。

で、今迷子なんでしょう？


あ、悲しくなってきちゃいましたか？

うんうん、よくわかりますよ。でも悲しいことじゃないですよ。

泣きじゃくる自分なんていうのも、そもそもショックですよね、乙女座さんにはね。

まあ、この白いハンカチで涙を拭いてください。清潔ですから……。


では、話を戻しますが。

さっきなんとなく使ったたとえですけども、人生は本当に恋に似ていますよね。

「こんな言葉を言ってくれるなら大丈夫」「こんな約束をしたから大丈夫」

いくら何重に安全弁を設けて、「何も変わらない」と信じられる証拠を集め続けても、本当の変化はそんなものをたやすく乗り越えてやってくる。ある日突然、何もかも変わってしまうことだってある。

同じままでいてほしかったのに、そのためには何でもしたのに。

でもそうしていてはくれなかった。

そういうことってありますよね。

あなた、その事実に、ショックを受けているのではありませんか。

「何でわけもわからず、しょっちゅう変化しなくちゃいけないんだろう。

この世界に、永遠の安息の地っていうのは本当に存在しないのだろうか」

これが、あなたの本音ではありませんか？

よくわかります。私も本当にそう思っていますよ。確かに変化とは、時に切なく悲しいものです。それも間違いなく、一側面です。

でも、たとえばこう考えてみたらどうですか。

生きているからこそ、人は、ものは変わるんだと。

もしそれが永遠に変わらない、永遠に安全だとしたら、それは「その物語が終わったから」なんじゃないでしょうか。

それは、ある種、死に値しませんか。


人生においては、どんなによい、正しいルールをもってしても、必ず適用外の出来事が起こります。そして、こうしたらこうなるとも限らないし、ああしたらこうできない、とも限らない。完全に先を読もうと思っても、それはできません。いくら賢くなっても無理。

この世界は実際、あまりに不安定な要素がいっぱいで、だからこそあなたが作りあげてくれるような、生きるためのルールが人間には必要なのだけど。

どんな力をもってしても、すべての不安を払拭できるような、ずっと通用し続けられるような完璧なルールは、やっぱり作れないのです。


実際、これまでのあなたのルールは、あなたにとって、小さくなってしまったんでしょう？

別に、その体系に問題があったわけじゃない。

本当はあなたもわかっているはずです。

物事は成長の余地があるものほど、変わっていってしまうものだし。

それは本当に喜ばしいことです。

現実のあなたも、自分は相変わらずですよ、って顔をしていても、本当に同じ状態のまままとどまり続けたりはしていません。事実、自分の予測していた世界の外にまで思いがけず進化できる日が来たから、「あれ、こんな世界、こんな自分、まったく知らないんですけど……」って困惑することにまでなったんでしょう？


これを喜ばしいと思わなくて、いったい何が喜びなんですか。


あれですよ。

国家の黎明期に作った法律が、近代化に従って現実に合わなくなってくる。

もちろん、根幹をしょっちゅう変更していては、何のためのルールだということになりますが、その発展に即して修正し、付け加えていくのは普通のことでしょう？

だって人が幸せに暮らすために法律はある。

法律を全うするために、人がいるわけじゃないんだもの。

その成長に従って、環境を書き換え、意識を書き換え、選択を書き換えていくのは、弱さのせいなんかじゃありません。成長の余地があったからこそ、スカートのすそは出さないといけないの。別に、「最初の採寸を間違えちゃった！」からじゃないんです。

だから。

もっともっといろいろなことを味わって。

そのあなたの生きるルールを、書き込みでいっぱいにしてください。

あなたの持ち合わせた几帳面な、完璧を好む性格は、「いつも人間を、何より自分の今を照らし出したルールを作り続けるぞ！」という熱意に変えてください。

変更点のないきれいな状態が完璧なんじゃない。

成長し続ける自分に合わせて、何度でも形を乱して伸び縮みできる。自分と同時進行で育っていける存在こそ、パーフェクトな指針となりうる。そう思いませんか？

「決して怠ることなく、私に寄り添い続けるルール」であるためには、永遠に修正がいるんです。生かし続け、手を入れ続けなければなりません。

でも、これは、勤勉で誠実なあなただからこそ、上手にできそうなことに思えますよ。

おそらく、その業務を全うするなら、きっといろんな経験だってしなければならないでしょう。まあ、それもいいじゃないですか。

泣いて騒いで、怒って壊して、叫んで暴れて。

自分の中に起こりうる、あらゆる〝逸脱〟をその身をもって味わってみて、それで初めて「自分のためのジャストサイズ」も、わかるってものです。

この手はどこまで伸ばせるのか、限界までジャンプしたらどうなるのか。思いきり身を縮めてみたらどんな感じか。力まかせに飛び込んだら、圧力をどれほどに感じるか。

〝私〟という枠がいったいどこからどこまでを指すのかわかっていなきゃ、その私に必要なルールが何なのかってことだって、やっぱり理解できるはずもないんですから。

それにある意味、乙女座とは、どんな環境においても、どんな空の下でも、そこまでやっても〝いつもの私〟でいられる人間なのだ、と証明するチャンスですよ。

何もしないで自分の世界にい続けるなら、いつも平静で知的で穏やかだって、当ったり前です。だって何の風もそこには吹いていないんですからね。

でももし、嵐の中でも、同じ穏やかさと笑顔と強さと賢さを発揮できるなら。

あなたに不平を言える人なんて、ひとりもいません。間違いなくね。


それに、本来ルールは、イレギュラーな人生を送る人のためのもの。

どんなところに吹っ飛ばされることがあっても、気づいたら穴に落っこちて地球の反対に出ちゃっていたとしても、その〝ルールという命綱さえあれば、混沌からだって元の場所に帰ってこれる〟。

そういうために存在するのですから。

あらゆる世界の異質な出来事にも、一度に号令がかかるように、

「この鐘が鳴ったら、どんなことをしていても給食の時間です。各自教室に集合！」

そう認識するための取り決めですから。

あなたがずーっと教室から出ないなら、そもそも、ルールなんて後生大事に持ち歩かなくていいでしょう？

つまり、その体に「もっとも美しい秩序」を身につけているあなたなら。

どんな遠くに行ったって、平気だってことなんですよ。

今こうして、しっかり道に迷っているのも、おそらく、

「どんなときにも、元の自分へと帰れるルール」

を見つけ出すためなんでしょう。

同時にちょっと、「そうか、迷ってみるのも少しだけなら悪くないかも」と思えるなら、

「迷う人の気持ちがわからないで、正しいルールも何もないよね」と考えられるなら。

この経験もなかなか悪くない、そう言えるかもしれないですし。

本当の意味で、それって、

「全然、あなた道に迷ってなんかいないじゃないですか。

むしろ、前よりしっかり、かつもっと先まで続く綱を握っているみたい」

に見えますよ。


……だんだん痛みが治まってきましたか？

それはよかったです。

多分、あなたが「この痛みは何だったのか」を理解したからでしょうね。

ん？　まだわかってないって？


その痛みは、〝成長痛〟ですよ。乙女座さん。

あなたの魂が、これまでの限界を超えた出来事を受け入れて消化しようとして。

大きくなろうとして。

だからこそ、痛んだんでしょうね。

でも、もう大丈夫なんじゃないですか。


ところで、先ほど話に出した、飛び出していっちゃった恋人の件ですが……。

「彼（彼女）は、私が一緒に成長しようとしない、相手を同じ場所にとどめようとしていると感じて出て行ってしまったんですよね」

はい、よくおわかりで。

「もうそうじゃないので、大丈夫です。自分の中で、ああ、もう迎えに行けるな、相手もそれを待っていてくれるな、と感じられたとき、迎えに行こうと思います」

エクセレント！
さすが乙女座さん、模範解答です。
もう全快ですね。

ドクターまーさ

親愛なる天秤座へ

♎

★天秤座★

争いを好まぬ天秤座に勝負を挑むのはやめよう。
あなたが勝っても、
ゴールで賞賛を浴びているのはなぜか彼らだから

● 区分
二分類：男性星座
三分類：活動宮
四分類：風の星座
守護星：金星

● 得意なこと　さまざまな人と付き合う、場を和ませる、美しく飾る、全体のバランスを整える　● 不得意なこと　人に厳しく接する、何かを勝ち取るために戦う、NOをはっきり言う、一心不乱になる

● 性格的に顕著なところ

★温厚で、自分の中での高い美意識を重んじる。考えの傾向は中性的か、やや女性的（両性とも）。場や人間関係を和ませ、穏やかに収める能力を持ち、本人も世界の調整役として尽力する。逆に、「周囲をまるで気にかけない」人間に対しては、激しい憎悪を燃やす傾向もあり。
★基本的に誰にでも分け隔てない態度で接するが、実際は男女共に、「自分の審美眼に合う」行動形式、スタイルを非常に重視し、それに合う人を好む。そのこだわりはかなり強いので、逆を言えば「お眼鏡にかなわない」相手には最初から一線を引いている。一見穏やかで御しやすくも見えるが、実際は柳のように折れないし、理由は何であれ自分を“乱した”存在を天秤座は憎むので、強引&乱暴な接し方は得策ではない。
★スペシャリストよりはオールラウンダー型で、人との交渉や役割の分担、ペース配分の管理などの部分を扱う業務向き。かつその美的感覚を生かしたジャンルに向くこともある。愛嬌があり、気のつくその性質ゆえ、年齢問わず幅広く愛される傾向がある。が、時にそれがあだとなり、自分の本来の意思に反してでも相手に合わせ、場を取り繕おうとしてしまい、本当の願いや意志がわからなくなる、“過剰適応”的問題に発展する傾向もある。場合によっては、これが「八方美人」な対応と見え、不誠実な人間と解釈される。天秤座の抱える問題は、往々にして、この「自分と他人とのエネルギーの境界線」がテーマである。

● 天秤座の人生の課題

「心配することはない。あなたが思っているより、みんなはあなたをよく知っている。あなたがあなたでいるだけで、好きなのだ。

あなたが何かしてくれるから、ではない」

はい、こんばんは。「星の子まーさ相談室」の時間です。今夜もお付き合いありがとう～！

さて今回ですが、先日天秤座ちゃんからお便りをもらったので、そちらを読ませていただきたいと思います。みんなも一緒に考えてみてね。


「こんにちは、まーささん、私は天秤座です。

私がいつも疑問に思っていること、悩んでいることを聞いてください」

はいはい。

「私は普段、不思議に思っていることがたくさんあります。

何でみんなは、あんなにいろいろなことですぐに怒ったり、争ったりするんでしょうか。

私は、自分から見たら大したことじゃないって思うことで、人がすぐにかっとなったり、大声を出したりする理由がわからないし、そういうのを見るのがすごくいやです。

私はなるべくみんなと仲良くしておきたいし、仲良くないにしても、積極的に関係を悪くするようなこともしたくないし、穏便にすませたいと思います。

でも、みんなは必ずしもそうじゃなくて、勝ち負けにもすごくこだわるし、人のことにも干渉して『そういうのはよくないよ』って余計なことも言ってくるし、不確かなことでもうわさして広めるし、本当に自分勝手に思えます」

ふんふん。

「そもそも、何でみんな、あんなに勝手に生きられるんですか？

この間も、ひとりにひとつずつ、といって買ってきてくれたケーキを、誰かが私の分まで食べてしまいました。確かに私はそのときお腹が空いていなかったけど、だからって食べちゃうってどういうことですか？　『今いらないって言ったじゃん』って、確かにそう言ったけど、『これ食べてもいい？』くらい聞く気遣いがあってもいいと思います」

「それに、また別の日のことです。仲間内にひとり、みんなからやや嫌われている雰囲気の人がいて、でも、それもなんだかなあと思ったので、私はときどき話しかけていました。そしたら、この間その人からふたりで飲みに行こうって誘われて……。

もちろん、特に好きなわけではないので断ったら、『思わせぶりな態度をとるな！』って言われました。何それ？　しかも、それを見ていたほかの子たちが、『天秤座ちゃんって、誰にでもいい顔するよね』って……。えーって感じでした……」

あらー……。

「でも、自分でも正直わからなくなることはあるんです。人に誘われると、それはうれしいし、とりあえずOKって言ってしまいます。楽しみにしてるね、とも。でも実際にその日が近づいてくると憂鬱です。休日も約束だらけで、いったいどこが自分の本当の休みなのかわからなくなることもあります。行けば確かに、それはそれで楽しいんですが、なんだか人に気を使って終わった……って思うこともあります」

「実際、私は友達も多いし、仲間もいろいろいるほうだと思います。好意も持たれやすいかもしれないですが、それは、その分、私も好きになってもらえるように努力しているからです。

周りを見ていると、ただ、好きになってくれればいいのに、って願っているだけの人とか、好意を押し付けて自分のほうを向かせようとする人とかが多くて、そういうのって、自分本位だなと思います。だからこそ、私は告白もされやすいのかと思うけど、でも本当にこの人は私が好きなのか？って感じることも多いです。

『天秤座ちゃんは話しやすいから』って、それは私が気を使っているからだし、むしろみんなは何であんなに勝手なこと言ったり、ずっと黙ってたり、場の空気を読まないでいられるのか、不思議なくらいで。

『いつも明るくて社交的だよね』も、断るより行ったほうが面倒じゃないからだし、『おしゃれでかわいいよ』っていうのも、うれしいけど完璧に表面的だな〜って感じるし、『みんなの人気者でしょう』って、正直何かを貫いてひとりでいることって、どうやったらいいのか、よくわかんないからですよ。だから、一応楽しそうにして、その場にいるんです。本当はいやな、NOなこともあるけど、それは言えないんですよ。何でそこをまた、周囲は察してくれないの？」

なるほどね。

なかなかに、根の深いお悩みみたいです。しかも、まだ先があるみたいね。

「私はみんなとうまくやっていく、ってことをすごく大事に思っているんだけど、でもみんなはそれほどそれを大事にしていないみたいだ、と感じると、なんだか自分だけ損しているような、そんな気持ちになります。

あと、〝自分の本当にやりたいこと〟〝自分らしさと向き合う〟みたいなことが話題に出てくると、みんなにはそれがあるのに、私にだけそれがないようにも思えるんです。

私は自分が好きだけど、それはみんなが好きだって言ってくれているからで……。

もしこの世で誰も私を好きじゃなかったら、私は自分を好きだって言えるのかな。

誰からも必要とされていなかったら、自分って何なんだろうと思ってしまうんです」


天秤座ちゃんのお手紙は、ここで終わっています。

聞いているみんなは、どう思ったでしょうね。あなたはどう思いましたか？


では、私が思ったことをお話ししますね。


お話を聞いていて一番思うのは、「天秤座さんは公平で、みんなのことをよく見ている人だなあ」ということでした。

たくさんの人がいても、ひとりひとりのことを実によく観察していて、その中でみんなが同じように楽しんでいる、コミュニケーションしているということを、すごく大事に思っているんですね。「みんなが等しく幸せであってほしい」、究極はそのくらい感じている部分があるのかもしれません。

でも、多分これは裏側にもちろん、自分自身のための理由もあって、「誰からも同じように好かれたい」、そういう願望もあるんでしょう。つまり、「みんなに気を配っている、誰にでも気遣いできる自分」というアピールも、当然入っていると思います。

でもそれはいいんです、ごく個人的な動機がないことを、そもそも人間はしませんから。自然ですよ。


人はみんな、そもそも自分自身のために生きているのが当たり前で、その自分の願う方向、見ている方向に動いていってしまうものです。

そう、あれに似ています。

車の運転をするときは、目線をまっすぐ前に向けろ、よそを向いていると、まっすぐ走っているつもりでもそっちに曲がっていってしまうからね、と教わるでしょう？

そんな感じです。

人からそう仕向けられているような、誰かに操作されているような気が、もししても。

逆に口先だけ「こうなりたい」をしきりに言っていたとしても。

実際に自分自身がそっちを向かなければ、人生もそうなりません。

つまり、誰もが、「自分の行っていることをそのまま反映した人生を送っている」んです。

すべてのよいこと悪いことは、みんな自分の行動の結果である。

もちろん、天秤座さんも例外じゃありませんね。


この場合、天秤座さんは、ほかの星座のみんなより、多くの場所に注意を払っている。

当然、注意を払われた側は、相手にまた関心を向けますし、「自分を気遣ってくれる人」に積極的に悪意を感じる人は少ないでしょうから、結果として天秤座さんが好かれるのは当たり前ですね。

ここで大事なのは、「もし親切にしなかったら、私のこと好きじゃないくせに」とひねくれて考えて、相手に不信感を持つことではなく、「単に、あなたは人に親切にできる人だってことを、自分で受け入れる」ってことなんじゃないですか。

動機なんか、何でもいいんじゃないかと私は思います。

あなたはいろいろな人とコミュニケーションをとるのが、きっと苦手ではないのでしょう。

だからわからないのでしょうが、みんなの中には「話したいけど、なかなか気軽にできない」人や「そもそも警戒心が強くて、気を許せない」人。「自分のことで頭がいっぱいで、ほかの人のことがそんなに見えていない」人もたくさんいます。

つまり、みんながあなたほどに、視野が広いとは限らないし。頭の回転がよく、機転が利くわけでもないのかもしれません。ほかの人の気持ちにも、敏感になれない可能性もあります。わかっていても、行動がすばやくないこともありえますね。やってはみるけど、言葉や応対がぎこちなくて、誤解を生みやすい人とかもね。

だから、もしその能力をあなたが持っているなら、それは長所だし。

いいところなら、どんどん使えばいいと思うのです。

人は、「できるのに、怠けて、あなたに甘えてやらせている」のではなく、「本当にできない」のかもしれない。だとしたら、できる人がそれを担当するほうがこの世は効率的になります。

また、もしかしたら別のところで、あなたのまったく考えの及ばないことを、誰かが敏感に受け取って、あなたの分までしっかり務めてくれている可能性だってありますね。

世界は役割分担制なんだ。私は気遣い担当ね。

そう思ってみるのは、どうでしょうか。


それに。

そもそも、あなたは、いつも自分がしたいようにすればいいんです。


話しかけたかったら話せばいいし、遊びたかったら行けばいい。

そうでないときは、やめなさい。

大事なのは、「あなたがどうしたいか」を自覚している、ということで、あなたがするすべては、誰かのためではなくあなたのために行われる。

そうであるべきではないですか。


自分がしたくてそうしたのなら、行動した時点で、もう自分の気はすんでいるでしょう？

相手が、あなたの思うような対応をしなかったり、まったく気づかなかったとしても、それはこちらがコントロールできない世界です。また気にする必要もありません。

「私は自分がそうしたかったから、そうしたんだ」

それがわかっていたら、人生ってそんなに腹の立つことはないんです。

「相手のことを察してこうしてあげたのに！」と思っていると、確かにいらだつし悲しくなることもあるでしょう。

でもそれだって、「私がそうしてあげたいな、と、行動することを選択したんだ」と気づいていたら、「相手からも返してもらうのが当然だ」とそんなには思わないものですよ。

また、同時にちょっと思うのですが。

世界に対して〝等しく多くを見よう、公平であろう〟と願う気持ちは、必然的に「どんなことでもまずはYES、と受け入れるべき」という性質を生みがちな気がします。

それは、本当にすばらしいことなんです。

「まず知ろう」と思う気持ちがあれば、差別や偏見も生まれにくくなりますからね。

でも同時に、何もかもフィルターなく受け入れてしまうってことは、「そこまできみが面倒見なくていいよ」ってことまで引き受けてしまう可能性も、ずっと増やしてしまうのです。

ましてそれが日常になると、自分がいっぱいになりすぎて。

いったいどれが自分にとって一番大事なことなのか、〝誰とも共有しない、自分だけの世界、自分でしか解決できないこと〟はどこからどこまでなのか、もはっきりしなくなってしまうことだって、ありうるんじゃないでしょうか。

フレンドリーに誰も彼も、を家に入れてしまうと、いつまでたっても誰かしら他人がその部屋にいて、もはやここが誰の家だかわからない。

「本当に自分がひとりでいることができる空間が、この世界にない」

あなたの抱えている問題の奥底には、そういう部分があるような気がします。

ただでさえ余分なものを多く抱えているのに、

そこでケンカされたり、大声で怒鳴られたり、泣き喚かれたりしたら、

「そんな正直さなんか必要ない、ウソでもいいから平然としていてくれ！」

って思っちゃうかもしれません。部屋のオーナーとしては。

また、概してあなたは人の激しい感情や争いを極度に嫌う傾向もありますが。それにはこういったところも関係しているのかもね、と思いました。

でも、そこまでがんばらなくていいんです。

「ここは私のおうちだから、ではみなさんまた明日」

って言って、パタンとドアを閉めたって誰も文句は言わないし。入れたい人だけ入れたって、いったん入れた人だって、ちょっと出て行ってと言ったって、問題ないんですよ。

たとえ実際文句を言う人が出てきたとしたって、それでもいいじゃないですか。

あなたは「自分の家で、今、ひとりになりたい」のだもの。

ここで相手の希望に過度に合わせて、「やっぱり入っていいよ」って言う必要はないんです。

この世には、あなた以上にあなたを大切にできる人はいないんだから。

あなたがあなたを守るのは、この人生で最大のプライオリティー。

そうであって、しかるべきなんです。

もしそうしないで、やはり人の顔色を見てしまうようなら、私はあなたを叱らなければならないし、そこまでして「俺を優先しろ」とあなたに言ってくる人間がいるなら、そんな奴とは金輪際、付き合わんでよろしい。

そんなの、あなたを愛していない態度だし、そんなのに合わせるあなたの態度だって決して愛とはいえないですよ。

そうじゃありませんか？

それにね。もしそうすることで、みんなを失うんじゃないか、と思うなら、それは人間というものを、ちょっと見くびっているとも、私は思います。

確かに、みんなはあなたのことが好きだし、あなたの気遣いを快く思っていますが、それだけの理由であなたを好きなわけじゃありません。もっと別な理由だっていっぱいあるし、そもそも理屈じゃなくあなたを愛してくれている人だって、たくさんいますよ。

それに、人にはそれぞれ、てんで勝手に考える自由があるので、中には「なんじゃそりゃ」と思うような理由であなたを好きな人も、あなたを嫌いな人もいるかもしれないです。

でも、それでいいんですよ。

あなたが何をしようと好意的に見てくれる人もいれば、何をしたって憎たらしく感じる人もいる。

「そんなもんなのか」と思いました？

「そんなもの」なんですよ。

ある意味、気が楽になったでしょう。


だからこそ、思っている以上に、あなたにも自由があるんです。

「好きなように生きる自由」です。

あなたは人に親切にしようとしまいと、自由だし、遊びに出てこようと家でひとり静かにしていようと自由だし、いろいろ話そうがずっと黙っていようが自由なんです。

いやだと思うことは、しないでよろしい。

その分、楽しいな、もっとこうしたらいいな、と思うことを山ほどしなさい。


そうしたからといって、あなたの得たすべてが離れていってしまうわけじゃありません。

あなたの好きなもの、好きな人たちを、もっと信じてあげてはどうですか。

本当のあなた自身を見てくれているってこと、信じてみたっていいんじゃないですか。


何よりあなた自身が。


「どんな自分でも、私が好きだ」と思えるなら、
この世に誰も支持してくれる人がいなくたってOKだし。

もちろん支持してくれてもOKだし（笑）。

そんな風に、〝自分の気持ち〟と、〝ほかの人の気持ち〟をきちんと分けて、「ありがとうね。考えてくれて」って受け止めはじめるんじゃないかしらね。

とはいえ、あなたが自分でも評価できるような〝すばらしい人間〟を、みんながまるで放っておくとも、私には思えないなあ。


それに、あなたはよく「争いは苦手、怒ったり騒いだりする人を見ると逃げたくなる」と言いますが。さっきも言ってましたが。

確かに、無益な争いはないにこしたことはありません。

でも、「すべての争いが無益である」とは言えない。逆は真ならずです。

またすべての怒りや悲しみも、「なければいいもの」であるとは限らないでしょう。

たとえば歴史を学ぶにしても、

「怖いから、戦争の部分はとっちゃおう。それ以外のところだけでいいや」

というのでは、ちゃんと歴史を理解したことにはならないでしょう？

すべてがあって、それを越えて歴史は続き今があるように、暴力も争いも憎しみも怒りも涙もすべて人間の一部です。

そう、あなた自身の一部でも、あるようにね。

それも含めて、あなたが美しいようにね。

あなたが自身をどう考えているにしろ、人間って、おそらくその想像以上に強くたくましいものです。そして、もっとずっと賢くもあります。

あなたもその筆頭のひとりでしょうが、
だからこそ、もっと奥まで、
もっと多様な「人間というもの」に、興味を持ってみてはいかがでしょうか。

誰とでも話せ、偏見もなくものが見られ、どこにでも違和感なく混ざることができ、人の心にもなんなく溶け込める才能のあるあなただからこそ。

今まで以上に人というものの奥までもぐりこんで。探検して。調査して。
そこに潜むそれぞれの真実というものを、見てきてはもらえないでしょうか？

そしてもっとほかのことを担当している、そのほかのみんなのために、
みんながその報告書をもとに、深くお互いを知りえるように。
世界を上手に楽しく橋渡しして、
何よりあなたが、一番いい笑顔を見せて、
「人間って、案外どこまで行ってもおもしろいかもしれません」
なーんて話してくれるようだったら、
私もどんなにかうれしくなるかな、と思いました。

どうでしょうね。

それでは、また来週！
次回もこの時間にお会いしましょう。
タラリラララーン♪（エンディングテーマ）

DJまーさ

親愛なる蠍座へ

♏

★蠍座★

人間のもっともやさしき部分、もっとも恐ろしき部分
本質はどちらも蠍座ひとりの中に宿る

● 区分
二分類：女性星座
三分類：不動宮
四分類：水の星座
守護星：冥王星

● 得意なこと　ひとつのことに長期間取り組む、理屈に関係なく本能で判断する、信じる、絆を作る、徹底的に戦う　● 不得意なこと　考えを表現する、改める、複数のものと同時にかかわる、変化を受け入れる

● 性格的に顕著なところ

★基本は内向的で我慢強く、人見知り。正確に言うと「基本、他人は受け入れない。が、時たま例外がいる」くらいの感じ。受け入れるとなると完全に手の内を見せ、逆にそこまで信じなくても……くらいに全面的に信用するが、そうでない場合はわかりやすく無視したり明らかにほかの人と差をつけたりして、自分の感情や考えを隠せない傾向もあるため、ちょっと敵を作りやすい。特にネガティブな感情にこれは顕著（大好き!っていうのは、シャイなのでわりと隠しぎみ）。蠍座は開くか閉じるか、どっちかしかないし、そこがある意味誠実ともいえる。
★物事には慎重で簡単には動かないが、ときどき、きわめて衝動的な行動に出ることもあり、その落差が激しいのも特徴。おそらく発想がそもそも感情優位で理論的ではないのと、ひとつの判断にかなり時間を必要とするタイプであるため、「これが起こったから、こう行動しよう！」とすぐ GO サインが出ないのであろう。なので蠍座に起こる問題の多くは、「ずっと抱えたまま幾年月……で、ことが大きくなりすぎた」か、「いざ動こうにもやり方がまるでわからん！」（経験値が少ないから）が多い。
★元来セックスアピールや、性的魅力が強いとされる。実際にめちゃ遊び人……という話は少ないが、何か“根源的なパワフルさ”みたいな部分が人をひきつけるのであろう、不思議なもて方をする。一回スイッチが入ると過剰に色恋に走ったり、妄想状態に突入したり……などもあるので、こちらも要注意（笑）。心身共に、日々のほどよいガス抜きが肝要かと思われます。

● 蠍座の人生の課題

「愛されて生まれてきた、そのことを忘れてはいけない。
エネルギーはあなた自身を深く知り、
何かを想像するためにその手に託されているのだから」

あ、……やあ蠍座ちゃん。
来てくれて、ありがとう。
急に呼び出したりして、ごめんね。都合は大丈夫だったかな。

じゃあ、ちょっとここに座らない？
これ、買っておいたのでよかったら。カフェオレなんだけど。はいどうぞ。

（沈黙）

……今さらこんなこと言うのも、なんなんだけど。
僕たちって、結構長い付き合いだよね。何年になるんだろう。
同僚、友達になってから数えるとずいぶんな長さだよね。
今思い返してみても、最初のころはきみがどういう人なのか、いまひとつわからなかったなあ……。かといって今すごくよくわかっているか？というと、それもそれでぴんとこないんだけど。

よくわからないまま、「ま、それもいいか？」と受け取ることに、慣れてきたっていうほうが正しいだろうか。

蠍座ちゃんは僕から見ると、よくわからないことが多すぎる人で。

でも、「謎を謎のままにして、そのまま受け入れることができる」ようになったことが、一番の成長かな？と思ってます。自分的にはね。


え、何が謎なのかって？

うーん、そう改めて聞かれるとうまく説明できるかわからないけど……。

きみって、基本的にすごく受け身じゃない？

でも、だから人の言いなりになるとか、弱くておとなしい性格かというと、まったくそんなことないよね。僕、

「内に秘めているものはかなり熱いのに、でも基本は黙っている」

っていうタイプの人に、初めて出会ったんだ。

大体、積極的な意見のある人って主張もするし、行動力もあるじゃないか。で、逆に何かあっても主張しない人って、そもそも「自分は別に、特には……」って言うことが多いしさ。あとから聞いても。

でも、きみはいろいろ話せば思うところはあるんだ、ってわかるけど、でも動かなかったり、聞かれなかったら言わないままだったりする。

だから、ほとんどの人は、きみのことを寡黙だとか、思慮深いとか（だから黙って聞いているのか）、どうでもいい、関心持ってない、ってことなんだろうなと思って見ているのかもしれない。

実際、まったくそうじゃないとは僕も思わないけど、さすがによく観察するようになったら、結構な確率で、きみの目がぎらぎらしている、本当は「何か言いたくてたまらないんだろうな」みたいな熱を発していることがあるのに気づいて……（笑）。いや笑ってる場合じゃないね。それを見て、

「ああ、言いたいことはいろいろあるんだろうけど、うまく言葉にできないのかな」

とか、

「もしかしたら、内側にあるものが熱すぎて、でっかすぎて、つかえちゃって出すのが難

しいというのもあるのかも。そのくらい熱いのかも」

とか、考えるようになったんだ。

そういうことに気がつくのにも、時間がかかったんだけど。

何しろ、本人が発している情報が少ないから。黙っているんだし。


だから、逆にきみと話してみたくなった……というか。

「どんな熱がその内側にあるんだろうか」、と興味を持ったっていうのが、正直なところなのかも。多分、時間さえかければ、出てくるものなのかな、とも思ったしね。

多分、器用じゃないんだろうな、ともね。

かつ、「言葉で表現するのが難しい種類の情熱なのかな?」みたいにも思えた。


あ、何でそう思ったかというとね。

きみ、前に仕事仲間が激務になって、体調を崩しそうなくらい働いているのを心配していたよね。別に、特に仲のいい子じゃなかったし、むしろ「自業自得じゃない?」って言う人も多いくらいだったけど、でもきみは心配してたね。

もちろん、ほかのいわゆるやさしい、世話好きの性格の人のように、差し入れしたり、「大丈夫？　何でも言ってね」と話しかけたりするようなことはなかったけど、

「あの子、あんな言い方するからみんなが怒るんだよ」

「昨日も徹夜だったみたいなんだよね、今日の会議でちゃんとできるのかな」

なんて、気にかけてたじゃない。

本当にどうでもよければ、そんなこともきっと口にしないし、ほかのまったく関心を持っていない同僚たちは、話題にもしていなかったよ。

きみは結構毒舌家だから、聞いていると一瞬悪口かな？と思うことさえあるけど、でも違うんだよね。すごく真剣になっているとき、感情的になるくらい、実は気にかけているんだな、と思った。

「すごく困っているんだろうな、大変な思いをしているんだろうな」という人に出会ったとき、無視なんかできない。もしチャンスがあれば、なんだって助けてあげたいと思っているんだろうな。本当のきみはね。

でも、そのやり方があんまりスマートでないというか（笑）。

徐々に少しずつやさしさを出したり、相手の様子を見ながらうまく足りないところをそ

れとなくサポートしたり……。そういうことはまったくできなそうで、やるとなったら、「かして！　それは全部私が見るから、あなたはそっちやって。え？　何で手伝うのかって？　……そんなこと、どうでもいいじゃない。手伝ってほしくないんだったらいいよ、もうやらないから！（プン）」

なーんて、みもふたもないことやりそうだから。

それが実は〝やさしさ〟からの行為だなんて……。かなりわかりづらいよね。

あ、なんか赤くなっているね。恥ずかしかった？

そんな風に思う必要ないよ。

きみはうまく感情的に処理できないことに出会うと、大体怒るか、ちょっと不機嫌そうな顔をして黙ってしまうけど……。みんなはそれを見て、「あ、不愉快になった？」とひるんで、結果、きみを遠巻きにするけど。実際は、

「何と言っていいのかよくわからないので、黙りました」

が正解なんでしょう？

蠍座ちゃんは、自分で自分をもてあましているんだな。

そういう風に解釈するのが、近いんだろうなあと思ったから。

僕としては、まあこれは僕の勝手だけど、「彼女の行為はすべて、やや贔屓目に見てみると、本当の気持ちがわかりやすいのかもしれない」って考えることにしたんだ。

そうだなあ、言うなれば、〝身内びいき〟的視点っていうのかな。

「その行動をそのままの印象で見て、解釈するのではなく、どういう動機で、その言動があるのか、を想像しながら観察すると、その真意がつかみやすい」

きちんと言うと、こういう感じなんだけど、たとえば自分の子供から、「おたんじょうびにえをかいたよ。あげる」ってもらってさ。その絵は、もちろん子供からもらったんだから、うまいとか、そういう絵じゃないよね。

でも、「この絵、へったくそだから、いらねえよ」とか、言わないでしょう。親は。

その子が、自分のために、誕生日に絵を描いてプレゼントしようとしてくれたっていう真意を汲んで、そこをありがたくもらうよね。それだけでうれしいものじゃない。

僕なりに考えた、「蠍座ちゃんとのうまい付き合い方」の極意は、ここなんだ。

きみはいいとか素敵とか、簡単に判断のつく人じゃない。

僕的には別にそのままでいいと思うけど、まあ言うなれば、「今っぽくない。誰の目から見てもわかりやすくかっこいいとか、洗練されている……みたいなことができる人じゃない」。そういうタイプだからさ。不器用っていうのとは少し違うかな……。なんだか、ちょっと原始的な、動物的なイメージに近いかな？

だから、すごく当たり前の、客観的な判断だけで接したら、きみにバツをつけちゃうことが多そうな気がするんだ。

「そんな言い方したら、相手が傷つくよ」

「もうちょっとわかりやすく言えないものかな」

「いくら好意でも、いきなり押し付けたら相手は引くでしょ」

「何でちゃんと説明できないの？」

「まだそんなことにこだわっているなんて、執念深いんじゃない」

そんなことばっかりでさ。

確かに、今の時代に生きていたら、〝生きることのうまさ、軽快さ、柔軟性〟ってすごく大事だと思う。

そういうものがあることで、生活の中の緊張感や困難さがだいぶ和らぐからね。

小さい空間の中でたくさんの人や情報が行き交うんだもん、「うまくやれないのは、罪」って思うのは、ある意味仕方ないのかなとも思うよ。僕も。


でも、そうはいっても、みんなが「とにかく〝うまくやることだけに集中する〟」世界っていうのも、どこかおかしいのかなと思うんだ。

そんなに何もかもがこじゃれていなくても、気が利いていなくても、いいじゃない？

僕は、ちょっとしたメールのタイミングが合わなかったせいで「やっぱ無理」とか、軽いせりふで別れたり、向き合って話すのが苦痛だからさりげなく自然消滅しようとして、それでも連絡が来たら着信拒否して意思表示したり。

なんかそういう人生って、変なのって思っているんだ。


人とかかわるときには、もっと泣いたり騒いだりしたいよ。

その場に合わせて、言葉や態度を柔軟に変えることよりも、「どうしようもなく、変えようもなく、忘れようもない自分自身」っていうのを見つけたい、味わいたいと思うし、そういうことを一緒にやれるとしたら、相手は蠍座ちゃん。きみなんじゃないかと思うんだ。

僕はきみのその、ものすごく根源的な、生きているってことが生々しいくらいそのまんまな感情や気質や、ままならない歯がゆさやフラストレーションや、それでもどこかに飛び出したくてたまらない、動きたくて、吐き出したくて、生み出したくてたまらない、とでもいうような情熱を、ものすごく、尊敬しているんだ。

僕は、多分きみよりはうまく自分ってものを表現することができる。それを見て、きみはときどき、「そんな風に言えたらなあ」「そんな風にできたらなあ」と言ってくれるけど、

でも、僕のほうは、

「きみが内に秘めているような、でっかいマグマのような〝自分自身〟っていうのが、僕の内にも本当にあるのかな」

なんて感じている。

僕の内なる子供は小さいからすんなり生まれてくるだけで、きみの子供はそもそも、すんごくでっかい子なんじゃないだろうか。そもそも、子供の大きさが、違うんじゃないのかなあ、そういうことなんじゃないだろうか、ともね。

そこは、実は僕がひそかに嫉妬しているところなんだ。


こうして長く一緒にいて、いつも考えているのはね。

「僕が知ることができたきみという人の魅力を、もっと多くの人に、少しでもたくさんわかってもらいたい」ということ。

でも、それと同時に思うのは、

「きみのすばらしさを知っているのは、自分だけにしておきたい」

ってこと。

まあ、そもそもどれだけ僕ががんばったとしても、多分誰にでもわかってもらえて、誰にでも受け入れてもらえる、とかそういう種類のものでもないとは思う。

きみってそういう人なんだ。

わかる人にはすぐにわかる、わからない人にはずっとわからない。でもそういう部分も含めて、蠍座ちゃんだからね。そこにはこだわっていない。

そういう何かに対する独占欲、一度いいと思ったらその気持ちはもはや永遠で……。その絆を深く受け止めるので、裏切りや背信を決して許さない、みたいな性質は、君の専売特許だと思っていたんだけど。僕も少し似てきたんだろうか？ ……まあ、そうか。

きみみたいな個性を、いいと思っちゃう僕も、そもそもが「蠍座の影響下」にある人間ってことだね。

わかりやすい洗練や美しさや刺激や好奇心より、もっと何か、善悪併せ持った感じというか。そんなわかりにくいものがいい、好きだって言っているんだからね。相当にマニアックなんだろうな。

なんだか不思議そうな顔してるね。

……なんだかこっちのほうが恥ずかしくなっちゃったよ。語りすぎ？

カフェオレおいしかった？


（沈黙）


うんとさあ、前置き長かったけどね。

まあいろいろ話したから、大体はさすがにきみでもわかってくれたと思うんだ。

僕にとって、蠍座ちゃん。きみは本当に愛すべき存在で、でもどこか油断ならなくて、解けない謎や言葉では言えないつながりを感じさせてくれる人なんだ。


なんかね、一緒にいて、「命を任せられる」って感じたのは、きみが初めて。

よく「健やかなるときも病めるときも……」ってせりふあるけど、ああいう命が危ないぞ！　大ピンチだぞ！なんてときこそ、きみを本当に頼もしく思える気がするから、僕はある意味、ちょっと楽しみにしていたりするんだよね……、縁起悪いけど。

ん？　何が言いたいのかわからない？
ん――――――――と。

（沈黙）

気持ちがでっかすぎてうまく口から出てこないって、初めて味わったよ。
これが、いつものきみの気分なのかなあ。
蠍座ちゃん、僕、きみと結婚したいんだ。
僕を、きみの生涯の伴侶にしてくれませんか？

あなたのまーさ

親愛なる射手座へ

★射手座★

射手座はリズム、あなた自身にもリズムがある。
合わせる必要はない、
ときどき起こるユニゾンを楽しめばいい

● 区分
二分類：男性星座
三分類：柔軟宮
四分類：火の星座
守護星：木星

● **得意なこと**　物事を幅広くとらえ、学び、追求する、追いかけて遠方まで行く、偏見なく考える　● **不得意なこと**　人とわかち合う、人間くさく生きる、感情をあらわにする、集団のために努力する

● **性格的に顕著なところ**

★性格はおおざっぱで、男女共にもっぱら男性的。話してみると気さくで、友好的だが、最初の印象はややとっつきにくい面もあり、他者をよく観察している。個人行動を好み、団体の中でも、一線を引いて自分の居場所を作る能力に長けている。射手座は、理知的で学問や思想を好む頭脳派のタイプと、まったくの自然児で独特の勘があるというタイプとに分かれる。どちらにしろ、存在感はあるが組織的ではなく、権力や人からの人気などには関心なさそう……という雰囲気をかもし出している。そこが、意図せずとも好かれたり、無法者に映って毛嫌いされたりする。
★気質は基本的に穏やかだが、時として案外野生的。特に恋愛面などで、射手座の影響の強い人は「いわゆる恋愛遍歴かさね系」人生を歩む傾向あり。気ままにいろいろな人と恋をしたいタイプで、基本は浮気者である。自分から積極的に動き、相手にも特定の制限を設けないのが特徴。
★反面、きわめて繊細な部分もあり、時として精神的にかなりバランスを崩すことがある。もともと、あまり体を積極的に省みないので（射手座の衣食住は、多くの場合横に追いやられている）、基本的には健やかだが、ストレスなどについては特に頑強とはいえない。また、他者と適切な距離感で（ある程度以上接近して）助け合うというのも得意ではないので、適度に人に頼ることができず、状態が悪化すると、よくない意味での「現実逃避傾向」が強まる。射手座は「考えすぎ」か「考えなさすぎ」がそもそも多いのだね。

● **射手座の人生の課題**

「生まれたときもひとり、死ぬときもひとり。それは事実だけど、
だからこそ出会いは美しい。
出会いこそが、あなたの一人旅に咲く最高の花だ」

「では、時間になりましたら知らせに来ますので、面会はそれまでの間ということで」

はい、わかりました。お世話かけます。

あ、ドア閉めていいんですか。どうも。バタン。

(向き直って)

お、射手座さん、どうもどうも。

元気でした？

ん？　私が会いに来るとは思ってなかったって顔ですね……。

そうですかね。こういうときにこそ、どこからともなく来るのが私ですよ。

しかし、驚きました。

いや、あなたが投獄されたこと自体は驚いてませんよ。

風のうわさで「射手座ちゃんが刑務所に入れられちゃったらしい！」と聞いたときには、ふうんって感じだったんですけど。

でも、罪状が「無銭飲食」って聞いたんで。え！と（それは興味深い、と）。

射手座が投獄されたって聞いたら、当然「思想犯か何かだろう」と思ったんで。それなら意外じゃないんで、来ませんでした（笑）。

普段、あまり衣食住の欲がなくて、すぐ寝食忘れるあなたなのに、どうしたんですか。まさか、「ものすごく好奇心をそそるが、値段もむちゃくちゃ高い珍味」でもあったとか……。違いますよね。

あー。考えすぎてどつぼにはまったまま、気づいたらどこか入って何か食べて、で、そのまま出ようとしてたと……。

どこで何を食べたのかは、よく覚えていないと。

あーそれならわかります。

しかし、やっちゃいましたねえ？

どうしたんです？　最近いろいろ物思いにふけっている時間が長いなとは思ってましたよ。え、何で知ってるのかって？　いや、あなたの部屋、私の部屋から見えるんです。距離は遠いんですけどね。そこが一晩中、明かりついていたから。かなりの確率で。

あなたの〝はまり度〟は睡眠時間に反比例するの知ってますから、また無駄に考えて眠れなくなって、答えを探し求めて本だのネットだの、情報の海に身を投じてるな……と思ってました。

あはははは、って笑っている場合ではないですよ。

射手座さん、あなたっていつもそんな感じですね。

そのたびに不思議に思うんです。

基本的なあなたは、本当に自然児というか、健やかでたくましくて、なんていうか、そのまんまの人じゃないですか。守護星・木星の影響なんですかね。体つきもそのまま大きかったり伸びやかだったり、多くの場合すくすくとしていて。魂の母体としてのあなたは、すごく健康そのもの、なはずなのに。

また頭もでっかいんですかねえ。あ。ほめてませんから。

射手座はときどき何でも自分のいいようにとりますから（笑）。


考えてもしょうがないだろ！ってことを、本当にどこまでも追いかけていきますよね。

趣味？


まあ、その豊かなというか、思索的な頭脳、感性ってあなたの美しいところなんで、私もあんまり「ものを考えるな！」とかは、言いたくないと思ってるんです。

頭もいいし。いや違うか。理知的な思考力を持っているというのかな。

現実的な条件とか、感情の浮き沈みとかに関係なく、「これは何だろう」「どうしてそうなるんだろう」「そもそも、何から生まれたんだろう」「そして、どこに行くんだろう」みたいに、いろいろな考察を積み重ねていくことができる。

すごい才能ですよ。そして大体において勉強家だしね。


また、「実践的にはそこまで役に立たない」ことほど燃えるという（笑）。

そういう、「勉強すること自体がおもしろいんだから、いいじゃない」みたいな、生きることにせかせかしない感じがまた魅力的だし、かといって実生活では本当に使いものにならないやつなのか？というと（失礼）、そんなこともない。

「こんなところじゃ眠れないよ」「もっとかわいい制服が着たい」「何でこんなに時給が安いの？」とか、御託を並べて動かない射手座ってのは、あまり聞いたことありません。はいはい食べ物なんてあるものでいいよ。眠ければどこでても寝られるでしょ。とりあえず暮らすのに困らなければ、自分は別に……っていうか、次やることって何？　これはどこまで運べばいいかな。あの棚、ちょっと弱くなってたからついでに直したよ。梱包するならガムテープどうせいると思ったから、さっき注文しといたけど、いいよね？

こんな人じゃなかったですか。

こんな人で、かついつもそうかというとそうでもなくて、「あー、今回はその気遣い忘れた。あはははは」みたいに、また気ままっていうか、いい意味でゆるいっていうか。

まあ、そういう部分が消えてなくなるとは言わないけど、何か〝射手座・考えすぎ警報〟が出るようなときには、こういうすがすがしさは一気に吹き飛びますね。

本当にどこに行くんだろうね？

そして、

「そもそも、射手座は簡単に答えが出ないようなことを進んで考えるのが好き」

なのにもかかわらず、

「答えが出るまで……と思って、向き合うのは、はなっから時間の無駄……っていうか、主旨からもズレている」

のであり、

「むしろそういうモードに入ってしまうときは、頭の動きではなく、足のほうが止まっているのである」。

そのことにも、気づかないんでしょうね。

重ねて言いますけどね、射手座さん。

あなたは自分自身を、思考の力だけで遠くに連れて行けるタイプじゃないでしょう。

確かに世界には、おもしろいことを机の上で発見して、「どんななのかなあ〜」と想像するだけで、実際そこに行ったのと同じような興奮を味わい、知恵を授かるタイプの人もいます。

それには、たくさんの情報を一度に体内に収めて、何回でもそれを巻き戻して見られる、強い記憶力と反芻の機能が必要で、これもある種の「非常に賢い体」のひとつだといえます。

でも、あなたはそうじゃない。

実際にその場にすぐに飛んでいく、かけていく機動力を持っている人には、そんな想像力は必要ないんです。

だって、実際に行けるんだからさ。思い立ったらすぐに。

むしろあなたにあるのは、どんなところに行っても、どんなことにもすぐに反応できる敏捷性と、どこででも自分の目的を全うできる明晰さ、信念、それでいて場の流れ、その場所の文化、生き方にも溶け込める柔軟性といったものです。

つまり、「受け取ったものを消化してどんどんリリースできるからこそ、また次をキャッチできる」のであり。

それはまた、「常に動き続けている、永遠に旅を続ける種類の人だからこそ養える英知」であり。

「今必要なところだけ、一番根っこのところだけ、しっかり持って覚えておきますよ。あとは、まあいらないかな」

と言えるおおらかさと大いに関係があるように、私には思われまして。

世の中には、「ものすごく勉強していて、莫大な幅広い知識が頭に入っているからこその博識」っていうのもあるし、「いろいろなものを見てきて、経験して、味わったからこその博識」っていうのもあって。

あなたはその後者になるほうが、向いているんじゃないかなあと。似合っているんじゃないかと。

だからもし、あなたが革命を起こそうとした思想犯だったとしてもさ（実際は食い逃げだけど）。

単に勉強ができて、結果、何がしかの思想にどっぷりつかったってだけだったら、「既存勢力を倒さねば、未来はない！」とシュプレヒコールをあげても、多分誰もついてこないと思うけどもね。

日々、いっぱい働いていきていて、でも貧しい中でも本を読んで学んで、同じく苦しい、悲しい思いをしてきている多くの人と語り合って、現場を見て体全体で感じ取って、結果、「このままではいけない、何か自分が学んだこの知識で、現状を変えていくことはできないのか？」

と悟ってのろしを上げろ！って、なったんだったら。

きっとみんなの精神的支柱、ってやつにも、速攻なってしまうと思うんですよ。

結果、倒したいものも倒せちゃうんじゃない。

あなたは、〝行動する◎◎〟っていう肩書きが似合うと思う。

（例：行動する哲学者、行動する研究家、行動する図書館員、行動する俳人……あんまり本来活動的でなさそうなものを集めてみました）

だから、もう夜な夜なぶつぶつ悩むのはやめて。

とっとと寝て、しっかり食べて。

少しは体も動かしてさ。射手座で心身共に虚弱とか、12星座内でもダントツだめな感じですよ。ねえ？

「健康な精神は健やかな肉体に宿る」

べたすぎて恐縮なほどですが、射手座さんに差し入れするとしたら、これ以上の教訓はないな。


あ、差し入れで思い出しました。

ほかの星座のみなさんから、預かってきたものがあるんだった……（ごそごそ）。

スチャッ！（両手にチェーンソー）

みんなもつまり。

あなたが帰ってきてくれるのを楽しみにしているってことですね。

だから、あなたにもし、「そっか、また元気よく世界をぶらぶらしますかね！」って気持ちがあるなら。これ置いていきますよ。

でもね、来てみてよくわかったけど。

これいらないかな、とも思います。もしあなたがもう出て行こうと思えるならね。

だって見てよ。

（上に向かって指差す）

この牢獄、上に穴が開いてるでしょう。ぽっかり。

つまりここは、

「出られない、という既成概念にとらわれている者のみを閉じ込める監獄」

なんだね（そういえば、看守さんもどこかゆるかった）。

射手座は天翔る馬、つまりペガサスみたいなものだし、

「よし、また遠くに飛んでいこう！」

と決めたら、本当に翼くらい新たに出しちゃう人なんじゃない。

私はそう信じてますが。


がやがやがやがや……

ん？　そろそろ時間かな。

ああ、そうだ。言い忘れたけど。

ここは入れるの、ひとりだけだっていうから私が来たけど。

外の待合室には、あとの11人が待ってるんだった。

みんな、射手座ちゃんのこと、心配してたよ。

「あいつ、また今夜も徹夜だったよ……」って、望遠鏡でのぞいていたり、ドアの外におにぎり置きがてら、ドアの隙間からのぞいてみてたり、何かのログイン時間からあなたの起床、就寝を推測したり、鳥を放って窓から偵察させたりね（笑）。まあ思い思いの方法だけど、みんな気にかけていることには変わりない。そうは口に出さないけどね。


それに、たとえいちいち説明を受けたり、証拠を見せられたりしなくても、あなたなら知っているはずですけども。

この世はそんなさまざまな個性で成り立っていて。あなたもそのひとつで。

みんなはゆるくも、確実につながっている。

つながりながら、それぞれの〝自分という使命〟を背負っているんだと。

あなたがあなたのために全力で生きるのは、ひいてはみんなのため。そして、ぐるっとまわって、やっぱりあなたのため。

……話がでかくなりすぎましたか？　でも、本来のあなたの魂サイズに合わせたら、語りのスケールもこんなもんじゃないかと、私は思っているんですけどね（笑）。でかいことこそ、なぜかもっともよく理解できる、のもあなたですけどね。

そういうわけだから。

そうそう簡単に、人生に絶望したりしないでくださいよ。

きみには、こんなにも同じ時代を生きる仲間がいるじゃないか。

それだけだって十分、どんな困難をも笑いとばすに値しますよ。ね？

じゃあ私も帰ります。

……うーんと、まだ看守さん来ないから、ドア開かないし。

スチャッ！（ほうきを取り出す）

何か私もこの穴から出てみたくなったから、ここから帰ります（笑）。
それではねえ～～～～～～～
またシャバでね～～～～～～～～～

ぴゅ――――――――（退場）

友人まーさ

親愛なる山羊座へ

♑

★山羊座★

人生を深く追おうとすると必ず山羊座に出会うだろう。
友であれ敵であれ、
あなたに多くを学ばせる隣人である

● 区分
二分類：女性星座
三分類：活動宮
四分類：土の星座
守護星：土星

● 得意なこと 計画し、実行する、単独行動、実現のためあらゆる手段を講じる、長期戦で挑む **● 不得意なこと** 人に任せる、大体……で判断する、あいまいな状態でとどめる、自分の感情と向き合う

● 性格的に顕著なところ

★いわゆる大器晩成型で、成長とともに能力を発揮する。性格は堅実で実際家。「最悪の事態に備えて」常に行動する悲観主義者だが、消極的ではない。12星座でも随一の野心家で、自分の願望を現実化する能力にも秀でている。情緒面を表現するのは多くの場合苦手だが、もともとの性格は誠実で、信頼に足る。基本的に人をたやすくは信用しないが、一度信じると忠誠心は厚い。身内意識も高い。が、かといって公私混同することは少ない（おそらく仕事への忠誠心が勝つのである）。

★基本、「単独での行動」を好む。そのため独断的、独裁的とみなされることも多々ある。これは、「作業の効率を下げる協力者ならいないほうがいい」「そもそも人は信じられない」とさえ、思っているからである。また、「目的を達成するためには、多少の努力や苦痛もいとわない」性質が強いため、結果多くのものを手にするのだが、これを他者にもしばしば強要するため、人間関係上の問題に発展するケースが多い。元来、山羊座は過度に“甘え”を嫌う傾向が強いストイックな個性の持ち主、時としてサド（マゾ）的でさえある。

★経験値が低い時代は恋愛にも奥手だが、自信をつけるにつれて真逆の方向（つまり肉食系）に転じることも多い。特に男性に多いが、女性にもあり。またまったくピュアなウブ系（死語?）で終わる人もいるので、山羊座の性は謎が多い（笑）。でも、根っからの「男好き、女好き」キャラクターではないので、端から見るとどことなく“自己破壊願望”を感じることも。

● 山羊座の人生の課題

「生きていること自体を喜ぼう。少なくともあなたが生まれたとき、神様はただうれしいだけだったよ。理由や目的は、あればうれしい調味料だが、
あなたは“プレーン”のままでも、十分おいしい」

ガラガラガラ。


山羊座さん、お待たせしました。

放課後に呼び出しちゃったりして、どうもすみませんでした。

御用とか、ありませんでしたか？　あ、そう？　ならばいいのですが。


ああ、今日は夕日がきれいだなあ……。

いい夕方ですね。

うん、こんなにゆっくり、きれいな夕日を見たのは久しぶりかもしれないって？

そうかもしれないですね。

あなたはいつも忙しそうで、次にやることが決まっていて、授業が終わったらすぐに塾に向かうか、一緒に遊ぶ友達とどこかに行くところか、このあと会う彼のことに気をとられていて。

多分、そのときの空なんて、眺めていなかったのかもしれません。

でも、たまにはいいものでしょう？

今日はちょっとね、あなたにお話があるんです。いや、そんなに長い時間はかからないので、大丈夫ですよ。あなたのスケジュールを大きく狂わせるようなものじゃありません。どっちかというと、私が乱したいのは、あなたのそのあまりにもコンスタントな意識のほうかな。

この先あなたは、どんな人になって、どんな人生を送るんでしょうね。
え、もう自分は十分に大人で、ある程度の人生も送っているって？
いやあ、まあそれは本当ですが、でもかといって、このせりふは決して子供だけに言うというものじゃないですよ。それに人生には、常にあなたより年上の人たちが、先に生きている人たちがいる。その人たちから見れば、あなたはいつも、「まだまだ若くて、まだまだ先のことはわからない」んです。

あれ、なんか心配そうな顔になったのは何で？

「もう自分は、いろいろ勉強もしてきて、自分のこなすべき仕事も持っているし、それなりに評価も実績もあるし、人脈だってある。十分、出来上がっていると思っているのに、何でまだ不確かであるみたいなことを言うんだ」って？

……なるほど、そうきたか（笑）。

つまり、あなたが言いたいのは、「先のことはわからない、という言葉は、まるで〝今持っているものが、移ろいやすく不確かだ、頼みにならない。何もかも失うかもしれない〟かのように聞こえる」ってことですね。

おー。

いつも私があなたに会うと感心してしまうのは、その悲観的な思考ですねえ。

いや、皮肉じゃないですよ。

人生において、「まず最悪の状態から想定する」っていう危機管理能力があるからこそ、山羊座はいつも失敗しない、いや言い換えれば、一番失敗しにくい人生を送れていると思います。

まあ、時として度が過ぎて、持ち前の行動力そのものが鈍り、「何もしないでおびえて暮らす」山羊座もいますが、大体の場合、「計画自体は慎重だが行動はすばやい」山羊座のほうが多いので、結果として社会の中では〝成功者〟となる傾向も強いですね。

実際、楽観的に「なんとかなるでしょ」と思っているわけではない、つまり不安感だって一定以上あるはずなのに、それを乗り越えて（「大丈夫だ」と確信できるように準備、ないし考えて）やり遂げているわけですから。

それって、すごくない？と。ね、感心してるでしょ。


それを繰り返して大きくなるわけだから、山羊座の人が成功するケースが多いのも、うなずける。精神的に強くなるもんね。

私は山羊座さんたちから、「たくましい精神の持ち主は、人生のネガティブな面を恐れないものなんだな」と学びましたよ。ありがとうね。


でもねえ、山羊座さん。

あなたちょっと、乾いた感じがしますよ。

え、ショック？　いや、見た目のことじゃないよ。見た目はかわいいですよ。

あなたの言うことは、大体正しいです。

いや、私は倫理的に正しいか正しくないか、っていうことにはそんなに普段からこだわっていないので、これは「筋は通っている」っていう意味ね。

「誰から見てもすばらしい」っていう意味ではないです。残念ながら。

むしろ、一緒にいて気になるのは、「あなたは本当に人生を楽しんでいるのかなあ」ってことですね。

往々にして日々、何事もてきぱきとやり遂げるあなた。

別段ふくれっつらもしてないし、涙目にもなってないし、物事も予定通り進めているし、仕事にしろプライベートにしろ、着々とやってますよね。そう、着々とこなしている。基本、文句の付け所なんてありません。

でもなんだか、あなたの人生はいつも「TO　DO　リスト」をこなしているみたいだなあ……と思うときがあります。これは、私の勝手な印象かもしれないですが。

実際あなたが一番生き生きして見えるのは、「山ほどある難題を、どんどん解決していっているとき」だったりして。

だからこそ、その猛烈に動いているあなたを止められもしないのですが。

物事をこなす、ことがすでに目的になっていて。

それがそれぞれ何であるか、そこでどう自分が、相手が感じているか、は、実はどうでもいいんじゃないかな、という風にも見えて。

いつも、「誰か、見えない相手と〝どっちが早く上手に達成するか〟レース」をやっていて、それに勝つことが、実はあなたの目的なんじゃないかと。

そうなんですか？

あなたいつも、誰と競争しているの？

まあ、仕事の中でも、「とにかく片付けていかなきゃ始まらないぞ！」みたいなこと。山ほど本をくくらねばならない！ってときには、それはいいと思います。

でも、そんなときにも。

思わずその中の一冊を読んじゃって、ひどいときなんか端から読んじゃって、寝っころがりだしちゃって。「こらー！」って言われたりする人もいるでしょう。

多分、そんなときにも誘惑に負けないあなたは、

「一刻も早く本をくくるのだレース」

をひとりでせっせと戦っている。

もちろん、サボって遊んじゃう人のほうがいいとは言いませんよ。

もちろん、とっとと片付けたほうがいいことは多いし、そういうものにも高いモチベーションを保てるあなたは有能だと思いますが。

何でもこの理論で通過してしまうのは、なんだかもったいないように思うんです。私は。

たとえあなたが参加しているのが、本当にレースであったとしても。

自分が蹴っている地面の力強さや、温かさ、やわらかさをどこかで感じるのって、血が騒ぐほどに、すばらしくありませんか。

鋭くハンドルを切って、一刻も早くカーブを通過して先頭を取る、って瞬間にも、自分にかかる重力や額に流れる汗や、ゆがんで聞こえる声援を頭のどこかでキャッチして味わうことに、不思議な快感を覚えませんか。

好きな人ができたとき、ほかの子を出し抜いて彼を誘い、一緒に門をくぐるんだとしたら、

「やった！」という達成感より、
その場に流れるであろう、甘い風のにおいを、感じ取ってもらいたいと思うのは、おかしいでしょうか。

山羊座さん、
あなたはいつも、どんなときも〝今〟を生きているんです。
何かを達成するあなたは、確かにすばらしく、生き生きしています。
が、それはたくさんの今が積み重なった、そのあとの話で、

そこにいたるまでのどの瞬間も、
まだ達成前であっても、すばらしいのです。

仕事がうまく進まなくて、「ちょっと一息つくか……」とコーヒーを飲むあなたもすばらしいし、
友達と口論になって、帰り道に何か気晴らしの買い物しようっと、とウインドウをのぞくあなたも素敵です。
夕食を作りながらテレビを見て、うっかりなべを焦がすあなたもかわいいし、
寝る前になんだか寂しくなって、ためいきをつくあなたにも、共感します。

ぜひ、この人生の中で何かを得、たどり着き、立派な人になってください。
でも、そこにいたる道を単なる〝経過〟だとは思わないで。
すべての〝今〟が、ある意味結論であり、結果であり、ゴールであり、未来でもある。

誰もが自分の人生の主役であるように、あなたもひとりの主役で、
また、「どの瞬間のあなたも、あなたの人生の主役」なのです。

すべてのあなたを、どうか、愛してください。私はそう願います。


今まで黙って、よく聞いてくれていましたね。どうもありがとう。

あ、でも今は何か言いたいことがありそうですね。何でしょう、山羊座さん。

「何かこうなりたい、こっちに行くべきだ、という方向をしっかり見続けていないと、自分はすごくだめな人間になるような気がするんです。……うまくは言えないけど、自分は何かを達成して初めて、自分が好きになれるというか。

何もない状態、ちゃんとしていない状態でも、それでも自分をいいとか、好きだとか、どうやったら思えるようになるのでしょう。

もともとの何もない自分なんて、そんな価値があるように、どうしても思えなくて」


おー。

さすがだなあ……。いや今度も皮肉ではないですよ。

徹底していますね。

私が日ごろ感心しているもう一個のポイントは、この「徹底している」ってことだったりもします。

私はほかの11人とも非常によく話すので、
どんなによい性質でも、「その精度や登場度合いにかなりムラあり」だと、なかなか物事が成し遂げられない……っていう難しさも知っています。

最高に優秀なんだけど、できたりできなかったりする、っていうより、そこそこの優秀さだけど、コンスタントにできる、っていうほうが、物事はうまくいきやすいのですよ。


つくづく、あなたはしっかりしてますな。

でも、アドバイスできることもありそうよ。


ひとつは、もうちょっとお友達にも興味を持ってくださいな。

そうほかの11人のお友達ね。

そこには、あなたよりせっかちなのや、ぐうたらなのや、ずっと遊んでいたいのや、情報通や、人のことばっかり気にしているのや、夢見がちなのや。いろいろな人がいますよ。

多分、最初あなたは、「何でこんな状態で自分を○○だと思えるんだ（信じられん）」って思うでしょう（笑）。あなたの基準で言うと「できない子」ばっかりですよ。

でもね。

みんなは、あなたとは全然違うことをうまくこなす達人ばっかりだし、

何より、あなたよりは「生きるってすばらしいね」という、もっとも大事なことをわかっています。

「ケーキおいしいね。私幸せ」「この本すごくおもしろかったよ。幸福でした〜」「彼とまた話せたんだ。……ハー。この世の天国」「あの商品また売れました！　最高にうれしいかも」

みんな、生きることを楽しんでるよ。

もちろん、この先たどり着きたい場所はみんなにもあるけど、でも、「だからといって、今が最高だと感じていけないということはないだろう」。

そういう融通も、利かせられるんです。

その点、あなたは初心者なんだから、みんなと混ざって、教えてもらったらいいんじゃないかな。

そのうち、

「そうか……。年収は少ないけど、この人幸せそう」とか、

「そうか……。私のほうが美人だけど、彼女は彼と楽しく暮らしているなあ」とか、

「そうか……。仕事は遅いけど、彼の作るものは本当に独創的」とか、思うようになるかも。

どうも私もこの世界のｏｎｅ ｏｆ ｔｈｅｍであるようだ（いい意味で）とわかるかもしれないし。

思ったより、世界はそう悲観したものでもないみたい（みんなを見る限り）とも、気づくかもしれないでしょう。

それだけでも、この世に仲間を作る意味はあるのだし。

……あ、私にもあなたの考え方がうつった。

「仲間は、ただ、いてくれるだけでうれしい、楽しい存在」だもんね。

で、私から教えられるもう一個は。

あなた自身とも、もっとしゃべってごらんなさい、ってことです。

この先もっと改良が加えられるかもしれないけど、もっともっとグレードアップする予定だけど、でも「生まれたまんまのあなたも、なんかいい」と思えたら、それはそれで最高でしょう。

今のあなたが、今日のあなたが、どう感じているのか。

本当は、「このコーヒーうまい」とか、「もう一軒洋服見に行きたいな」に時間をとりたいのかもしれないよ。

もちろん、今夜も徹夜で働いたってかまわない。

「なんか徹夜したい気分〜」って思っているならね。

人生は、何をするか、したかも大事だけど、それ以上に、何でそうするのか、をわかっていることも、大事なのだ。
「そうしたいから、私そうしているんだ！」って、胸を張って日々を送るって、何はなくとも、ものすごくすばらしいんだよ。

了解？

こくこくこく。

さすが山羊座さん、理解も早いようで。
……いや、これも、「理解してもいいし、しなくてもいい」。
すぐに、理解しなくたって、全部を理解しなくたって、いいんだよ〜。

話はこのくらいにして。

じゃあ、一緒にぶらぶら帰りますか。
本当に今日は夕日がきれいだから、きっと星もよく見えるねえ。
ああ、どこかから花のいい香りもするなあ……。
なんか、そういえばおなかもすいたような……。
え？　そんなこともあろうかと、駅前のお店に予約を入れておいた？
……あなたは、どこまでもできるなあ。
本当にそういうとき、目が輝いているもんねえ……。
いっそもっと目標をあげて、天下を取ったらどうかなあ……。

夕暮れのまーさ

親愛なる水瓶座へ

★水瓶座★

生涯の友をひとり選ぶとしたら、水瓶座だ。
いつも変わらぬ興奮と失望、
そして永遠に若い魂を与えてくれる

● 区分
二分類：男性星座
三分類：不動宮
四分類：風の星座
守護星：天王星

● 得意なこと　ひとつのことを探究し、発想を展開する、ひとりで行う、未知なるものを受け入れる　**● 不得意なこと**　世間話に付き合う、しがらみを理解する、人の面倒を見る、他人の趣味に合わせる

● 性格的に顕著なところ

★男女共にユニセックス（やや女性が男性的になる印象）で、淡白な人柄。集団生活よりも、単体での行動を好む。ひとりで楽しむ時間が長く、多くの場合、「凝り性の領域」ともいえる関心ごとを持つ。趣味や思考は大方、未来的で探求心が強い。かつ、天体、空、理科系、化学系などが多い（男の子的趣味）。大概は「観念的な世界観」が興味の対象で、物質社会には興味がない。よく言えばざっくばらん、悪く言えば無頓着な性格で、あまり服装や車など、外見にもこだわらないことが多い。職業的にも何かのスペシャリストか、専門性をひとりで追求できる傾向の仕事を好む。
★親しい人間も、「少数、趣味嗜好の合う人がいればいい」と考える傾向あり。そして愛情関係もこの延長にある。別段、人に対して警戒心が強い、というわけでもないようだが、そもそも彼らの物語は、「たくさんの登場人物を必要としていない」ので、よっぽど強い印象を残して進入していくか、自然に彼らの関心の対象になるか、などがないと、参加できないことが多い。
★友情にしろ恋愛にしろ、一度できた関係は大事にする。が、「人生の中での他人という存在の重要性」がもともと低いので、当然、気を配る度合いも低めで感情移入もあまりしない。それが他星座の感覚でいう「大事にしている」レベルに値するかは微妙。よいときは比較的気さくで、偏見なくいろいろな相手と交流するが、閉じたときはかなり内にこもる傾向。対人関係なども突然シャットダウンしやすい。だがこれは感情的問題というより、“自分の純度を取り戻そう”とするための行為と思われる。

● 水瓶座の人生の課題

「人は実によく見ている。あなたは誠実で努力家で、愛らしくて繊細だ。
かつ人情味もある……。知らなかった？　人とかかわるということは、
それだけ“自分の”可能性を増やすことなのですね」

あ、ご主人。こっちも追加でお銚子2本お願いしますね。

ん？　水瓶座ちゃん、何か言いたいことでもあります？

しかし、このふたりで飲みにくるのってかなり珍しくないですかね。ねえ？

でも、みんなで飲みに出るときにも、大体あなたばっくれるでしょう。

そう、私も結構ばっくれてるんです（笑）。いないから知らないと思うけど。

だから、ばっくれ常習犯ふたりが同時にいるっていうのが、かなりレア。

「今日はふたりで飲みに行ってみます」って言って出たら、ほかのみんながかなり変な顔（でも興味津々）で見てたもの。

まあ、たまにはね。積もる話もありますからね……って、それはウソ。

そこまでは積もってませんけども。

でも水瓶座さんと真面目にサシで話すことって案外ないから、これはいろいろ踏み込んでおかないとなという気持ちはあるわけよ。

そう、飲ませてぶっちゃけさせようという……。

おや、警戒心バリバリ？

まあ、そんなに心配はいらないですよ（トクトクトク。注ぐ音）。

そもそもねえ。水瓶座って、すごく遠いもの、未知なるもの、まだはっきりわかっていない世界については好奇心旺盛だし、早い段階から心を開いているように見えるのに、身近なもの、生活の中にあるもの、日常を共にしている関係なんかには、視線が、驚くほどクールっていうか、時として冷淡なほどというか。そういう特徴がありますよね。

何でなのかしら。

「身近なことなんて、わかりきっちゃって、つまらなくなっている。目新しくない」ってことなんでしょうか。

だとしたら、わかってないなあ〜〜〜（トクトクトク。自分に注ぐ）。

あ、怒りました？　いいねえ。

そう、私としては今回、「水瓶座・激昂の会」としたいわけですよ。もしくは「号泣の会」……。何、どっちもいやだ？　いやいやいや。

だって私は、水瓶座の喜怒哀楽が見たいんだもの。やりますともよ。

あ、別に、鋭い感性とか、ひらめきとか、特殊な能力をここで披露しようとしてくれなくていいですよ。ちょっと人と違うところ、とかさ。それは、見飽きてます（汗）。

水瓶座の、ごく当たり前の、人間らしいところを、今日は見せてくださいよ。

ん？　何でそんな困った顔しているの？

改めて思うんですけどもね。

水瓶座って、結構人生の早い段階で、〝能力主義〟の人生を選択しようとする傾向があるなあって思います。いわゆるオールマイティー型ではなく、スペシャリティー型を目指すというかね。

別に、もちろんいくら天才型といわれるみなさんだって、みんながみんなそういう人生を送るわけではない、それはおわかりでしょうけれども。

でも、なぜか水瓶座は、「欠点を克服するよりは、長所をいっそう伸ばそう」というほうに明らかに興味がある人たちみたいで……。

まあ、だからこそ、結果としても〝一芸にきわめて優れた人〟というのが早い段階で、生まれやすくもあるんでしょうね。

星座によっては、ほぼ逆、「全体的に優秀である、穴がない」ってことに意識を向ける人たちも、結構な人数いますから。その差は大きいです。

まあ、別の言い方をすれば、

「いろいろなことを、平均的に、みんなと同じようにできるようにならなければ」

という意識が、やや薄いんでしょう。確かに、水瓶座のモットーは、〝人と違っていてなんぼ〟ですから（笑）。人との違いや自分の弱点ばかりを気にして、よさが出せない性格の人に比べれば、何と未来的なのか、と思います。

で、そういう性格を背景として、基本、「好きなことばっかり、向いていることばっかりにのめりこむ」資質は強化され、長所が伸びるのも早い代わりに、きわめて偏った好みの人間にもなりやすいという。

当然のことながら、水瓶座には偏食の人や、何かに熱中しすぎると、寝食忘れて徹夜ばっかりする人が続出。それでも気にかけないで、むしろそんな自分を誇っていたりすると。ごく自然な成り行きです。

まあそれは、そもそも水瓶座を守護する天王星の影響もあるでしょうが、エネルギーの使い方がかなりの〝一点集中傾向〟だというのも関係あります。よい意味でも悪い意味でもね。

あと、同時に、水瓶座は基本的には「現実に執着するよりは、未来だろ」志向だし、感情的なほうの性格でもないので、元来はそんなに現実に起こっている世界に悩まされたり、くよくよして時間が過ぎる……ってことも、あまりないほうなんです。

これは一般論も入っていますが、概して集中力の強い人、というのは、その時間の密度が高い分、逆に長時間、薄く弱く（これがくよくよの状態）何かを考え続けたり、感情的になり続けたり、はできないのです。

結果、本来の水瓶座、「水瓶座らしい性質」が活発なときには、みなさんはクールな人、人間関係やしがらみなどに対しては、かなり無関心であるようにさえ見えるんです。

人間関係において、ホットな状態というか、情に厚く見える人っていうのは、ある程度「ほかの人間の喜怒哀楽に付き合う、問題を一緒に抱えてくれる」人だからね。

これと同時に思うのは、

もともと水瓶座の性質って、もちろん理性的でもあるし思考型でもありますが、厳密に言うと、「試行錯誤の結果、判断している」というわけではない。そういう感じもします。

多分、あなたがたにはある程度思考の先に、舞い降りてきたようなひらめきがあるんだと思うんです。

で、それを確認するためとか、裏づけを見つけるためなどにいろいろと考えてはいるけれど、いちからいろいろな事象を集めて、そこから自分で答えを導き出す系の思考回路は通っていないというか。

この違い、わかります？

つまり水瓶座は、基本「いつも証明問題を解いているような」傾向の思考で、ある程度答えの見えることというか、展開の想像できることばかりをやっている。

そういうことですね。

まあ、そもそも彼らの好きなこと、得意なことであるからこそ、集中して深めてもいるのだし、基本、優れているからこそ、そのジャンルにおいてはかなり目端が利くというか、ひらめきなども起こりやすく、結果、早い段階で「方向性や、答えのある場所の検討がついてしまう」ってことも起こるわけです。

だから、「そのひらめきを証明するだけで、生きるのにそこそこ十分な理屈はつかめてしまう」。

そうなんじゃないでしょうか。

でもこれは、裏を返せば、水瓶座は、

「まったくわけのわからない出来事や、自分の理屈の通じないジャンルを、いちから紐解いて解明していこうという意欲や、テクニックを学はない」

まま、成長してしまう可能性も、高いってことなんですね。

うむ、何だかもうこの先の展開が、わかる気がしますね。

わかります？

この世の中で、一番「わけがわからず、理屈が通じず、一定の方程式で解けない問題が続出するジャンル」と言えば……。人間関係じゃないですか。

水瓶座さんは、そもそも好奇心もあるし知的だし、基本、人とのコミュニケーション能力はあるほうなんですが。資質的にはね。でも現実においては、往々にして苦手みたいです。

何でかな？というと、多分これが原因。

「人間関係は、ルールや公式に当てはまらない、無法地帯だから」

別名、いきあたりばったり地帯とも言えますね（笑）。

美しい手順に沿ってさくさく解けもしないし、時には勝手にしり切れとんぼになったり、相手の興奮や爆発によってすべてがうやむやのまま「大団円!!」になったりもしますしね。

まさに〝不可解〟。この言葉のとおりです。


人間関係の作り方がうまい人って、逆に考えたら、どういう人でしょう？

これ考えたことあります？

多分、「苦手を克服することに熱心でない」みなさんは、あんまり取り組んだことないでしょう。たとえ「自分は人付き合い苦手だな」と気づいてはいてもね。


人間が苦手じゃない人っていうのは、大体こんな感じじゃないでしょうか。

「先に答えを用意せず、まず相手を偏見のない目で、よく見ることができる」

「相手の性質、状態などそのときどきに合わせて、対応や、言葉の選び方を変えられる」

「よく知らない、わからないことはその相手に聞ける。

で、相手と一緒に、その場にふさわしい答えや道を、探し出すことができる」

………。


あ、完璧、黙っちゃいましたね……（トクトクトク。さらに注ぐ）。

うん、いいのかな。多分深く考えてくれているんでしょうね。


では続けます。

今言ったようなことは、私が思うに、

「誰も、生まれつきできるわけではない、どこかの段階で学んで獲得する技術」

なんじゃないでしょうか。

もちろん、ある程度適性のある人っていうのはいますよ。

でも得てして、そもそもニュートラルな目を持っている人っていうのは、あまり人に深く踏み込みたくないものみたいだし（誰とも距離を置いているから、偏見も少ないのかも）。

相手に合わせる能力が高い人は、そもそも「結論を導き出そう」というファイト自体、足りない……ってことが、多々あります（自分で決着をつける気が最初からないので、たやすく相手に合わせられるのかもしれない）。

かつ、人の様子をうかがうのに夢中で、自分の意見が弱いことも多いですね（過剰適応傾向ってことかな？）。

つまり、簡単に言ってしまえば、性格っていうのは、大体一長一短なんです。

それは水瓶座も、ほかの11人も同じ。

でも、あえてここで言うならですね。水瓶座さん。

さっきもお話ししたように、水瓶座は早い段階から自分の得意分野にのめりこむ分だけ、「できないことを克服しよう、難しいことを乗り越えよう」っていう経験が、やや少ないままいくことが多いです。

これさえできれば、あとはどうでもいいと考えやすいというかね。

もちろん、うまく回っているときはいいんですよ。

でも人生って、長いでしょう？

どんなに優れた能力や、強い運に恵まれた人だって、必ず浮き沈みはあるし、体調がそこまですぐれないときもあります。あと何といっても、〝老い〟は必ずやってきます。

つまり、人のコンディション、条件、環境っていうのは日々変化し、いろいろな場面に直面するのが、人生なわけです。


そういうときに何が人を支えるって、〝多様な経験〟なんですよ。

経験っていうのは、もちろんひとつに特化して積むのも大事なんだけど、その内容の多彩さ、いろいろな種類を経験しているっていうことも、本当に重要なんです。


成功経験しかないと、失敗したときにどうしていいか、わからないでしょう？

才能や仕事だって、一個のことでどうしてもうまくいかない、もう先には進めないとわかったときに、「じゃあどうする？」っていう局面、起こりうるじゃないですか。

また、極端な性格のみなさんは、「これができないくらいだったら、死ぬよ」ってよく言いますが。実際にそうしてしまう人もいるんでしょうが。

いやあ、人生ってそういうものではないですよ。

何かが一個できなくなった、うまくいかなくなったからって、いきなり意味がなくなったり、彩りを失ったりするような、単純で底の浅いものじゃないんです。

いい意味でも「簡単にコースアウトさせてくれない」ですよ、命って。

それは、「そんなに簡単に投げるな！」っていう神様からの叱咤でもあるし、「いやいや、きみまだおもしろいとこ、全然見てないから。やめるの早すぎ、だからやめさせない」っていう激励の意も入っているんです。

多分、11の星座のみんなは、あなたよりもう少しそれがわかっています。

何でかっていったら、これまでにあなたよりたくさん寄り道をしたり、小さい失敗を重ねたり、残念な結果に終わった出来事を見送ってきたからなんだね。

でも、すでに経験した人ならみんな知っているけど
そういう出来事こそが、私の人生の〝後ろ盾〟になってくれるんだよ。
何かあったとき、「ああ、これくらいのことは前もあった。全然大丈夫」「っていうか、
そもそも、ここではもうつまずかなくなっている。成長？」ってね。
何より、そう思える自分っていうのが大事だし。
その基盤になってくれるのは、いろいろな方向から倒れないようにつっかえ棒になって
くれている、〝私の経験〟群なんだから。

あなたは、とかくそういうものを後回しにしがちだし、同時に、ごくごく基本的な生活
や関係性も「なんか面倒だなあ」と放っておきがちなところもある。

そんな姿を見ていると、私はいつも、あなたが現在すごく活躍しているとしても、
「危なっかしいなあ、支えがないなあ」
って思っちゃうんです。

本当に活躍しきっちゃって、それこそアイドルにでもなるんだったら、まだいいんです。だって、マネージャーさんがいるじゃない。

でも、職業的についてくれる専門家がいたって、自分の本当の基盤になってもらえるわけじゃない。人生のマネージメントは、やっぱりみんな自分でやるしかないんです。

いくら何かに秀でていても、それを支える力も持たなきゃ、結果として大きな花は咲かせられないよ。ちょっと嵐になったらしおれちゃうつぼみじゃ、難しいよね。

そう思わない？

それには、やっぱり、「ほかの人の生きる姿から学ぶ」のが、一番いいと私は思います。

みんなそれぞれ、何かを自分よりうまくこなしている人たちなんだから、ある意味、あなたとは違うことの〝エキスパート集団〟。

それが社会ってものです。

彼らは友達、同僚とはどう付き合ってるの？　部屋の整頓の仕方は？　風邪を引かないようにするには？　かぼちゃをおいしく煮るには？

……なーんだって、いい先生が教えてくれますよ。

あなたが聞きさえすれば……。


人間って、本当にひとりで生きているんじゃありません。

それに、思っているほどには、孤独でもありません。

それも、おそらくあなたがまだ本当には知らないことだけど、みんなに混ざってみれば、よくわかると思うよ。

人とかかわることで、あなたには経験が増え、あなた自身の中には確実に自分を支える後ろ盾が増えるし、別のときには、仲間がその役割を果たしてくれることだってあるでしょう。

実際、

「自分っていう能力を発揮するのには、もしかしたらひとりより、みんなでいたほうがいいのかもしれない」

と思うかもしれないし、それも試してみなければわかりません。

それに何より、経験も仲間も、数は多いほうがいいのだよ。

理由は簡単。「生きるリスクが分散される」からです。

みんなの能力が違うのは、「それぞれ違うタイミングで人を支えることができるように。助け合えるように」、なんです。

いろいろな人がいれば、誰かしらが「もう俺はだめだ……」って落ち込んでいても、誰かは元気で、励ますことができる。

だったらあなたもその中に入って、お互い様仲間として支え合えばいいと思わない？

この世からもし、にんじんが消えても、ほかの野菜をおいしく食べられるなら、それを食べている間に「どうしたらにんじんを復活させられるか？」研究すればいい。

でも、あなたがたったひとりでいて、かつ、「にんじんしか食べられない！」性質だったら、一巻の終わりです。そう思うでしょ？

人間に生まれたからには、人間に興味を持つのが、合理的な生き方だと私は思うし、人間らしい道を歩む、っていうのも、建設的な発想だと考えますね。

あなたは、合理的で建設的な考え方が好きでしょう。水瓶座ちゃん。

何かをひたすら追いかけた先に、未来がある。
得てして私たちはそこに向かおうとするけれど、
本当は、今いるこの世界を、〝その先の世界、希望の世界〟にする。
どこかにある未来へ行くんじゃなく、今いる場所を未来にする。

これこそが、本当の未来的志向なんじゃないかな、と思います。

どうですか、水瓶座ちゃん（はた、と振り向く）。

うううううううう……（声を殺して涙ぐむ水瓶座ちゃん）。

あーっ！（と息を呑む）

な、泣いてた？　の、飲みすぎたの？　弱かったんだっけ、アナタ。

そうか……。人の語り珍しかった？　珍しすぎて、一気に来た？（あわあわ）

はっ！　しかもいつのまに……（きょろきょろ）。

（ふと気づくと、カウンターの両側をほかの星座に囲まれている。

水瓶座ちゃんの肩を抱く獅子座。ハンカチを差し出す蟹座。もらい泣きする魚座。

ほかの星座のみなさんもしみじみ飲み進んでいる。ちょっと……〝ひとつになって〟いる）

「イエ――――イ!!」

突然、すっくと立ちあがる水瓶座。

ど、どうした水瓶座。奇声？

……まあいいか。何かうれしそうだし（トクトクトクトク。さらに酒を注ぐ）。

数時間が経過。

その後、一列になって踊る12星座（先頭は水瓶座ちゃん）。
そのまま踊りながら町を行進。
ま。まいっか……（列の間で踊りつつ……）。
「もう一軒、行くぞ！！！！」

では、今日はこのまま失礼します……。

飲み友達まーさ

親愛なる魚座へ

★魚座★

12星座がそれぞれ一番魅力を発揮し、
よい状態のとき。
そんなとき。どの星座もどこか、魚座に似てくる

● 区分 二分類：女性星座 三分類：柔軟宮 四分類：水の星座 守護星：海王星

● 得意なこと　受け入れる、環境に溶け込む、献身的になる、信じる、観念的なものを愛する　● 不得意なこと　損得を頭に入れ行動する、単独で進む、意志をとことん貫く、言葉で自分を表現する

● 性格的に顕著なところ

★夢見がちでロマンチスト。感じやすく想像力豊かだが、現実感覚や日常的な生活への帰属意識は低く、魚座の影響の強い人はあまり生活者として有能ではない。男女共にやや中性的か女性的な気質。ものやさしく、動物や植物など、直接会話しない存在をも深く愛する。また弱者に対し強い同情心、共感力を持っている。一般にNOの言えないタイプでもあるため、自分のキャパシティー以上に物事を引き受けたり、好まないものを受け入れさせられたりすることも多い。結果として、それを強いることになった相手や状況を恨んでいることも。ある意味積極的に被害者になりやすい弱さを秘めている性質ともいえるので、「やさしさと弱さを自分の中で明確に区別する」ということは、全魚座共通の命題である。
★観念的な発想の持ち主で、目に見えないジャンルに関しては先天的な感性を保持。魚座の影響がよい方向に出ると、いわゆる目に見えないもの（香り、音楽、霊的感覚）にも特殊なセンスを発揮することがある。熱狂的な支持を受けるカリスマ（特に美、宗教、音楽などのジャンル）には魚座が多い。
★体は概してあまり頑強ではなく、心身共に繊細であることが多い。そのため、具体的な行動で物事を成し遂げることには消極的であるケースもよく見られる。また、元来何かへの耽溺傾向も強く、そのあやうさがある意味魅力でもあるのだが、特に精神的なバランスを崩すとアルコールや薬物などに頼りがちになり、結果依存してしまうことも多いので、自覚は必要。

● 魚座の人生の課題

「太陽は無償であなたに光を注ぐ。だからあなたも、太陽に何か返そうではないか。どちらもエネルギーの源。まったく対等ですばらしい。

あなただって、太陽に何か、できる」

ふー。ようやく魚座ちゃんの番が来ましたねえ……。
うん？（きょろきょろ）魚座ちゃんどこ？

……すやすやすや。

あ、もう寝ちゃっています。
今日は星座同士（＋私）かなり積もる話もあったから、遊びすぎて疲れちゃったかな？
まあいいか（なでなで、と頭をさすりつつ）。
魚座さんには、こうしてお話ししましょう。
起こすのもかわいそうだし、何しろ魚座は〝無意識〟を司る星座だもの。
こうやって話しかけていても、多分聞こえているに違いない。どこかでは（笑）。

よいしょ、とベッドサイドに座って。ではでは。

しかし12の星座みんなと改めて話をしてみると、魚座って受け身だなあ……。妹キャラだなあ……（あ、弟でもいいですが）と感じます。えっへんって、威張っているほうの妹じゃなくて、「お兄ちゃん〜、お姉ちゃん〜」と言って、ちょこちょこついてくるほうね。

そもそも通常、魚座に会うと、「何でこんなに自分から何もしようとしないんだろう……」と驚いてしまうことも多々あるくらいなのですが（本当）。

こういう、いろいろな星座がいる集団の中で見ると、全体の中でのその位置づけ、魚座が自分自身でしているであろうキャラクター設定がよくわかります。

魚座は、「たくさんの存在に囲まれたら、自分がどうであるかと主張するよりもその場を眺める」に徹するほうが楽なんだな、「自分の座りたい場所を積極的に獲得するよりも、状況に合わせて、みんなが座ったあとに残った席にちょこんと入る」ほうが、いいんだなあと。

つまり、強制的に受け身にさせられているのではなく、自分から受け身の方法論を選択している人たちなんだな、と。

いや、これはあえて強く言いますが、受け身だからといって、魚座がほかの星座に比べて劣っているということではありませんよ？

むしろ「魚座は、本来持っているよさをしっかり発揮するのが、12星座中、もっとも難しい。もっとも人間的に成長している状態でないとできない」とさえ、思いますから。

だってですね。ちょっと考えてみましょう。

人間社会においては、それこそ「人生は主張してなんぼ」であると理解されていますよね。これは必ずしも、他人に対してだけじゃなくて、人は自分自身に対しても、「自分はこういう人間で、こういうことを望み、こうなっていこうとしている」と繰り返し聞かせ、それを日々表現せずにはいられないんじゃないか、と思います。

そう、いわゆる自己表現というやつです。

どの星座も、発想やそのやり方こそ千差万別ですが、みんな同じように考えています。

もちろん、魚座だって、例外ではないはず。

生きるということは、ある意味、戦いですから。

自分を主張しない人間は周りに飲まれてしまうし、
自分の意図を説明しなければ、往々にして誰かの意図に従わされてしまう。
それは必然です。
もしこれが動物の世界だったら、自分の強さをアピールするなり、すばやく逃げるなり、威嚇の声を上げるなりしなかったら、食べられてしまいます。
それは人間の社会でも、本質的には同じことだと思うので、
自己主張とは本能であるし、生き残るための力なんだなと、私は理解しています。

この理屈から想像すると、
どの星座でも、能動的に行う行動や、強く示す性質はみんな「生き残るのに、自分をアピールするのに、一番いいと思ったやり方」であるはずなんですね。
そう、他人からどう見えていようと、各星座の特徴的な性格というのは、
「これが人生を乗り切るのに一番適したやり方だ、と信じているもの」

なのです。方法こそ違えど、意図するところは全員同じなはず。

声が大きければ大声を出すし、頭が切れるなら理屈で煙に巻く、顔がきれいならウインクしてみせるし、人付き合いがうまいなら根回しして味方を増やす。

みんなそうやってます。そうやって、世界に居場所を見つけているの。


では、果たして魚座の場合は……？

魚座の、

「自ら望んで、状況に任せる」「人の意見に従う」

「やさしく穏やかにいて、波風を立てない」

「深く厳しく自分を突き詰めるよりは、そのときどきの感覚に従う」

という性質、方向性は、ちょっと考えてもらうとわかりますが、

「非常に危険。すごく誰かにやられちゃいそう。食われそう」

な感じがしませんか？

だって、すごくざっくり見ても、「戦っていない」んだもの。

これって、本当に生きるのにいい方法なんでしょうか……。

何を隠そう、魚座という性質をつかむ難しさは、大体この辺に関係があるんです。

この一見「すごく無欲そう」な資質、自分から何かを勝ち取ろうという意思がかなり弱い性格は、確かに最弱そうでいて、逆に最強の部分でもあるんです。

だからこそ、魚座は、それをやめないんですな。

……もう少し、ここを説明するとですね（魚座ちゃんの肩に毛布をかけつつ）。

確かに、自分から戦おうとしないと、基本、勝つより負けるほうが多くなります。

が、そうですね。じゃんけんでずっとパーならパーを出し続けるのと似ていて、「手口を一定にして、ずーっと変えないという手法は、長期的に見たとき、そこまで勝率は悪くない」んです。

だって、みんなの持っている「勝つための最強法則」も、大体完璧ではないですから。いつも必ず勝てるわけではない。

主張すれば通るってものではないのと、同じですね。かつ、みんなは大体、途中で迷って、多少手口を変えてしまうこともあると。それで勝率が変動してしまうわけよ。

でも、ずーっと待つ、戦わないで流れを見るっていう手口を変えないがために、魚座ちゃんは、ある意味勝率で言うと、みんなと変わらない～やや高いわけです。

現実にも、「魚座はあんまり断らない」ということはみんなに知られているので、「誘われる確率」「告白される確率」なんかは、結構高かったりするんだ。

なので、単純な数字だけで見ると、むしろ魚座は「効率のいい戦い方」をしている星座だともいえます。だって、特に何か自分からしているわけじゃないのに、そこそこ、まではなるんだもの。やはり最強でしょう？

もともと、魚座という性格は、核のないようなところがあってですね。

魚座の持ち味はその「隔たりのない意識」。

あらゆる常識や偏見やこだわりを越え、すべてとひとつになろうとするところがあります。そもそも、一個人という枠よりは、宇宙レベルの全体性のほうが身近なくらいかも。「私は私」より「みんな一緒だよね」のほうが、楽だし理解しやすいんでしょう。おそらく。

そうですね、たとえるなら、魚座は液体に似ています。

液体はお互い近づいたらすぐくっついて、ひとつになってしまうでしょ？

すごく観念的なたとえですが、魚座はそういうところがあって、「何ものをも内包できる懐の深さ、無限さ、無心さ、一心に願える信心深さ」が長所であるし、「少しの異物ですぐに毒されてしまう、染まってしまう弱さ、境界線を引くことが苦手な結果、被害者になりやすい個性、それを受け入れてしまう脆弱さ」が弱点でもあります。

そういう、もともとの性格から考えても、この作戦は、やっぱり「的を射ている」のかもしれません。

自分をわかっている（笑）。

だがしかし。

現実には、かなりの確率で、魚座は「文句、不満、不安」を口にする星座でもあります。

もともと、守護星・海王星の影響もあって、独創的な感性もある分、メンタルが不安定になりやすいというのはあるんですけどね。それを差し引いたとしても、多い。

それぞれみんな、納得いく作戦で生きているはずだろうに、何でだー？　いい思いさせてもらっているんじゃなかったでしたっけ……と私なんかは思うのですが。


また、世の中というのはうまくできているんですなあ。


先ほどから説明しているように、「魚座は自分から戦わない星」です。

つまり、言い方を変えると「自分からは好んで選択しない」。こうも言えます。

もちろん、まったくしないとかまったく戦わないとか、そういうことはないはずですが、でも「やっぱり、あんまりしないかも」というのが、実情だと思います。

こういうことを考えるときは、比較で見るのが一番わかりますよ。

人間って、ひとりひとりだと、そこまで特徴はわかりません。

それに、「ひとりしかいないなら、性格を把握する必要もない」のかと。それぞれの性格を知りたいという発想は、「そのくらい個人差がある」という認識が前提ですからね。

ほかの11星座の人たちと比べると、おそらくものすごく、魚座は〝戦わず、選ばない〟と思います。


そうなると、先にもお話ししたように、確かに「いろいろなものを得る」チャンスも多いのですが、実際、そこに入ってくるものは、かなり有象無象になります。

それはしょうがないですよね。

だって選ばないし、断らないんだもん。

普段、戦う姿勢、選ぶ姿勢を見せている人なら、
基本的には、「その人に行くべき事象、会うべき人」っていうのが、ある程度選ばれてから来るんです。

プレゼントをあげるにしても、周囲は、「あの人はこういう人だから、こういうものが喜ぶんじゃないか？」と考えてくれるでしょう。少なくとも「こういうものはいやだろう」ってものを差し出しはしないですよね。争いを招くもんね（汗）。

だから、自分のところに来るまでに、確かに、全体的な数は間引かれている分だけ少なくなっているとしても、一個一個の充実度、満足度は、高くなっているはずなんです。

それが、選択するってことですし。

「選択する人だ」というオーラを出すってそういうことです。

また、何かを「選ぶ」ためには、本当にそれが自分のもとに届く前に、内側に入れる前によく相手を、対象を見定める必要があり。

もちろんこれは、ある程度手間なのですが、それだけの価値、やるだけのことは実際あるんですよ。

ものを見る目が厳密な人ほど、最初は苦労します。

時間もかかるし、なかなかOKなものとは出会えないので、切ない思いも悲しい気持ちもたくさん味わいます。

そんなこだわりなんか、いらないのじゃないかという葛藤もつきものです。

でも、それを越えて、納得いくものと出会えたときの感動はひとしおで、一回出会えたらもう「代わりはいらない、いや、代わりなんか存在しない」ってことにもなる。

魚座の性格は、大体この真逆です。

だからこそ、いろいろ手に入れたはずが、出会ったはずが、

「こんなものかなあ……、こんな人なのかなあ……(しっくりこない)」

と言い続けなければならない。本当の意味で、不満を切り離すことができない。

でも、かといって「じゃあ、どういうのがいいの?」となったときに、

「これじゃなくて、◎◎◎がいいんです」とは、なかなか言えないんですね。

だって、選択をしてこないということは、〝ものを見る目〟〝自分がどういうものをほしがっているのか理解する知恵〟を、養ってきていないってことだから。

かつ、この世には「自分なりの判断で、これがいいのだ、と選び抜くことの〝喜び〟」というものも、確実に存在しており。
魚座さんは、何かを得ても、往々にしてその喜びはあまり知らないので、「自分が選んだんだから、これがきっと私の正解なんだ」という実感を得られず、だからこそ、何かが釈然としない……ってことも、あるのかなと。

恋なんかが、まさに最高の例ですが、「好きになる」人のほうが「好かれた」人より圧倒的に満足度が高いでしょう。
ここでは、「いい思い、優越感を味わった」とかはカウントしません。そういうのは、魂的にはどうでもいいことなので、カウントしないんです。「自分は幸福だった」「本当に好きだった」と感じて成長できるのは、能動的にがんばった人だけ。本当に満足できるのは、そういう恋だけです。

難しいですねえ〜。

何かジレンマを感じるでしょ？


でも同時に、「時代が違えば、魚座ももうちょっと生きやすいかもなあ」とも思う私です。

そう感じる星座、決して魚座だけではないのですが。


今の世の中って、何でも自分で選べるでしょう。

というか、選ばなきゃならないでしょう。

これって結構なストレスだと思うんです。昔はもっと人間の人生って、パターンが決まっていて不自由だったので、確かに苦しいこと悲しいことも多かったと思いますが、

「もう必然的に従うしかない」

ってこともたくさんあって、むしろ〝与えられた世界に順応して生きていく〟力のほうが重宝したんじゃないかと。

そういう時代だったら、多分、魚座は、生きやすかったのかなという気がします。

魚座の「ある程度何でも受け入れられる」性格というのは、裏を返せば「あきらめられ

る」みたいなところもあると思います。

生きている中では、絶対この資質も必要で、「出す」分だけ、「受け取る」ことも、大事なんですな。

何でもかんでも自分の自我の望むとおりに生きればいいってものじゃない、主張が通れば幸福というものでもない。

やるだけやったらあきらめることも必要。賢さの一部です。

いつまでも追えばいい、根性で何とかなると考えるのも、時として思い上がりだったりします。

また、人間の中には、「大きなものを、運命を受け入れたい、従いたい」っていう欲求も、確実にあるはずで。

それはものすごく素直な状態というか、世間的なこだわりとは一線を画した精神状態になったとき、一般に発動しているような気もします。

本来の魚座は、すごく達観している星座です。

大いなるものに身をゆだねること、生きていること自体がすばらしいのだから、小さい悩みや戸惑い、欲望は空に返してもいいんじゃないですか……的な無欲さが、本質なんじゃないでしょうか。

だからどうしたらいいかというと、また難しい（笑）。

この「すべて無欲に受け入れる、素直にあきらめる」従順さと、「依存心ばかり強くて、自分は与えられるのを待つのみ」っていう幼稚さは、限りなく似てますからね。

まさに、魚座の道の最大の落とし穴ですわ。

このあたりを総合して、私が思うに、

魚座は、基本的にそのままでいい、そうだと思います。

着実に山を登ったり、道を歩いたりして成長していく、自分を鍛えることが必要な星座も多いですが、魚座に限っては、「一番自分がシンプルな状態のままでいる」ってことが、一番幸福な姿なんじゃないでしょうか。

もちろん、それが「生まれたままの状態に近い」人もいるでしょうし、「それなりの経験を経てそぎ落とした結果」の人もいるでしょうが。基本、進路はそっちなのかと。

魚座こそ、「自分以外の、何者にもならないでほしい」。そういう星座です。同じ液体の中でも、真水のままでいてほしい、そう思います。

戦わず、無欲で、ずっと変わらないでいる、そのままの自分であるというのは、実はどんな野心よりも高い目標であり、強さも、やさしさも必要です。この世の誰よりも一番強い核を持っていないと到達できないのが、魚座の行くべき世界なんだ、と私は思うので。これは本当にそう信じているので。

つまらない欲に染まらないように（笑）。

魚座はすぐに人と自分を比べます。そう、染まりやすい。でも本当は大してほしがっていない（所詮ポーズだ）から、取りに行くガッツに欠けていて、大体手に入りません。で、ひがむ。泣く。「どうせ私は……」と言う。そこがまた妹風。

あれはやめなさい（笑）。どうせ、本当はほしくないでしょう。

誰かの真似しただけでしょう。

あなたは、生きることに器用ではありません。
だからって、それが何だというんでしょう？
何かがうまくできるとか、何を持っているかとか、人がどう思うかとか、
別に心底気にしているというわけでもないのなら、気にする必要、ありますか。
本気で悩んで、解決して、乗り越えるぞ！というところまで執着もしていないのに、
悩みの世界に入ろうなんて、考えが甘すぎるんです。そもそも。

そんな「いかにも影響受けて動揺しちゃった」みたいな自分も、すべて水に流して、

「ちょっとくよくよしちゃった。でも、ま、いいか」と翌日けろっとしていられるのが、
本当のあなたではないですか。

あなたには、もっともっと、真剣に悩むべき、それこそ身をささげて取り組むべき何かがあるんじゃないですか。

それを探さないまま、死んでしまったら、後悔しませんか。

染まりやすく汚れやすいのも水。

やさしくてやわらかくて、時間をかけて岩に穴を開けたり、山を崩したりする強さを持つのも、水です。

「湯水のように使う」という表現のように、雑多に乱用されるだけの存在も水。

一滴、ふりかかっただけで過去の悪徳が清められ、その人生を祝福することができる、すべての肯定的なエネルギーを象徴する〝聖水〟も、やはり水。


どうでしょう。

あなたがなりたいのは、どっちの魚座なんですか？

どうせ魚座に生まれたのなら、

「流される」んじゃなく、「流れていく」生き方を選びたくはないですか。

小さな水槽の中で、「誰かに面倒見てもらって、この中だけ幸せならいいんだもん」と小さくまとまるんじゃなく、限りない国境なき大海を、その心のままに思いきり、限界まで泳ぎきってみたくはないですか。

その、生まれつき制限のない感性を最大限に生かして、願わくば宇宙の果てまでも……。

どうかな？

ちょっと寝物語がでっかくなっちゃいました。……でも、あなたの〝無意識〟の世界はこんなの余裕で飲み込んじゃうくらい大きいよね。

今日もこうして、眠りの中を漂うあなたに、祝福をこめて。

ではでは……おやすみなさい。

おやすみまーさ

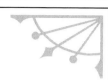

☆星占いの基本

〈まーさの西洋占星術〉

私がいつも行っているのは、俗に言う「西洋占星術」に基づく占いです。

歴史も大変古いうえに、それこそ星の数のような鑑定家のみなさんが行っているジャンルでもあり、その鑑定の仕方、重きを置く部分もかなり個人差があるようです。

なので、ここでは、ごくごくベーシックな部分だけ、ご紹介しておきたいと思います。

これを少し知ってくださっていると、星々の話が、きっとよりおもしろくなるだろうということで。


西洋占星術を扱ううえで、もっとも基本になるのは以下の3要素です。

★黄道十二宮（12星座）
★天体（主に太陽から冥王星までの10天体）
★ホロスコープ上のハウス（12室）

これを、順にご説明していきますね。

ホロスコープ

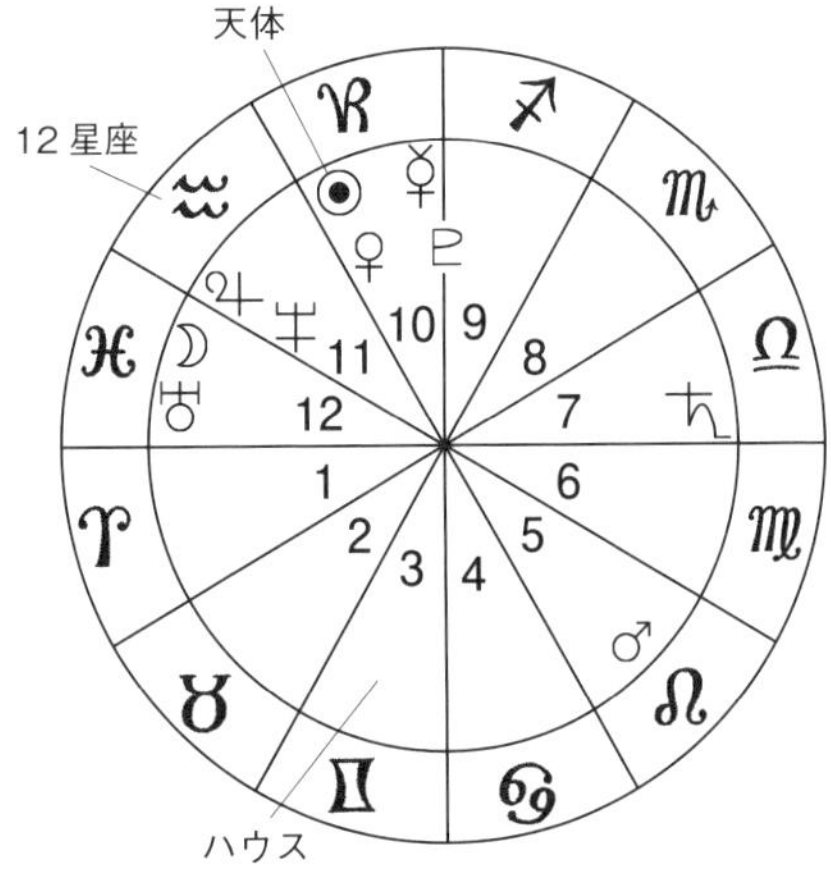

✳黄道十二宮（12星座）

太陽が天空を通る通り道を、黄道と呼びます。これと、地球上の赤道をそのまま空に移した「天の赤道」がぶつかり合う点が2カ所あり、それぞれ春分点、秋分点とされていますが、この春分点を始まりとして、天を30度ずつに割っていったものに、12のサインを当てはめたのが、「黄道十二宮」です。

牡羊座、牡牛座、双子座、蟹座、獅子座、乙女座、
天秤座、蠍座、射手座、山羊座、水瓶座、魚座

ひとつひとつの性質などについてはすでに登場しているので、そちらを見ていただくとして。
この12の星座はチームみたいなもので、みんなでひとつの世界を守っている……。
そんなイメージでしょうか。

12星座と対応するマーク

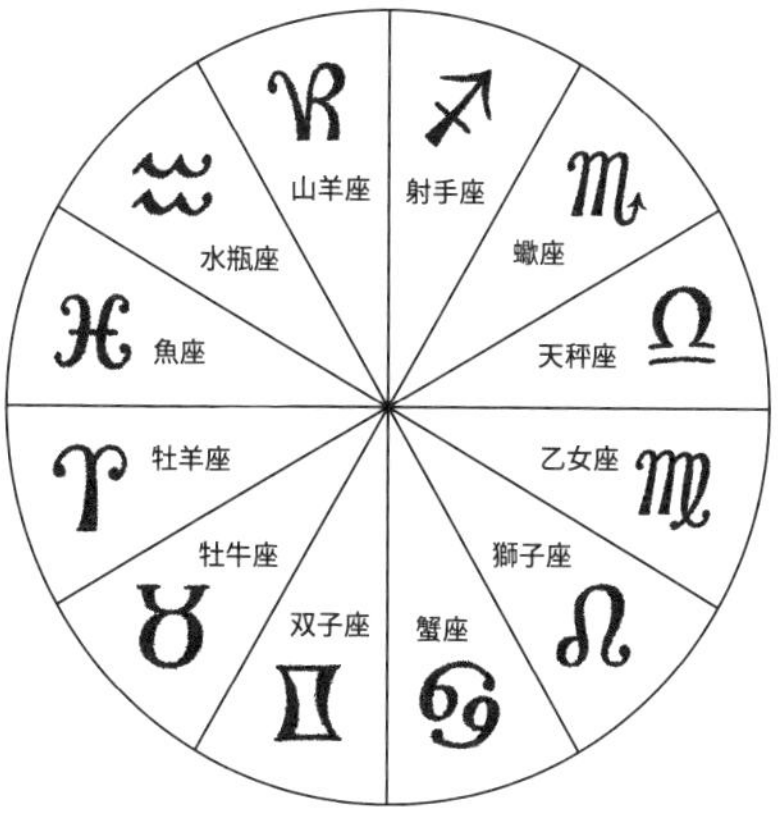

世界に属するものは、すべて、「どこかの星座の管轄に属している」＝影響を強く受けているというのが、基本的な占星術の考え方だと思います。人間もしかり、事象もしかり、物体もしかりです。

でも同時に、「何か、誰かが、ひとつの星座からしか影響を受けていない」ということも、基本的にはありえません。もちろん、そこに影響の強弱はあれど、すべてのものは複数の星座の影響下にある。これも占星術上では、ベーシックな考え方です。

これを理解してもらうために、さらに私っぽくイメージするなら、12の星座はそれぞれがある〝色〟みたいなものです。人間を含めすべてのものは、それぞれこの複数の色を混ぜ合わせた、完全にオリジナルな一色で、おのおの、その色の配分、どの色をどの程度持っているかが違います。かつ、組み合わせ自体は同じでも、その生き方や環境などの影響もあって、表面に出てきている色と出てきていない色があったりもする。その状況に応じて、有利な性質の側面、つまり有利な色が濃く登場するというわけです。

また、その人生の時期によって、強い影響を与える色が変わってくることもあります。これは年齢によって生きるうえで重要視している事柄が変化する、増えていくことに関係しています。かつ、精神的に熟成してくると、ある星座から受ける影響も熟成したものになります。その星座のより深い一面が出てきやすくなるということです。

その数々の色が合わさっている中で、一番大きな影響を受けている、「大きく分ければ○○系の色」と判断される、その色。

これが、俗にいう〝太陽星座〟というもので、あなたが生まれたときに、太陽が位置していた場所を守護していた星座です。これは、「その物事が発生した、スタートしたとき」＝誕生した日、として作られている考え方なので、太陽星座を持つのは人間に限りません。イベントや物質なども、制作された・始まった日を誕生日として性質を見ることができます。

ある意味、太陽星座は「あなたはこの星座に面倒見てもらうことになったから、以後よろしく」って生まれたときに決まった〝所属〟みたいなもの。それで、今後の人生、成り行きの指針、身元引受人をその星座が引き受けてくれることになった（笑）。

これが雰囲気として近いかな？

つまり、先のたとえを使えば、「赤系」星座に所属したのであれば、見ためがいくら青に近づいていても「青に近い赤」（つまり、色分別としては赤のグループ）であり続けます。

また12星座は以下のように、同系統の性質の星座同士で3つの分け方をされるのが一般的です。

それぞれの区分には非常に興味深い特徴があり、星座理解に非常に役立ちますが、とりあえず今は代表的な部分だけにとどめます。

◎二分類

男性星座：積極的な性質と、外に向かって発信するエネルギーの強い星座です

（牡羊座、双子座、獅子座、天秤座、射手座、水瓶座）

女性星座：内向的な性質と、自分の内側にエネルギーを抱えやすい傾向の星座です

（牡牛座、蟹座、乙女座、蠍座、山羊座、魚座）

〈二分類〉

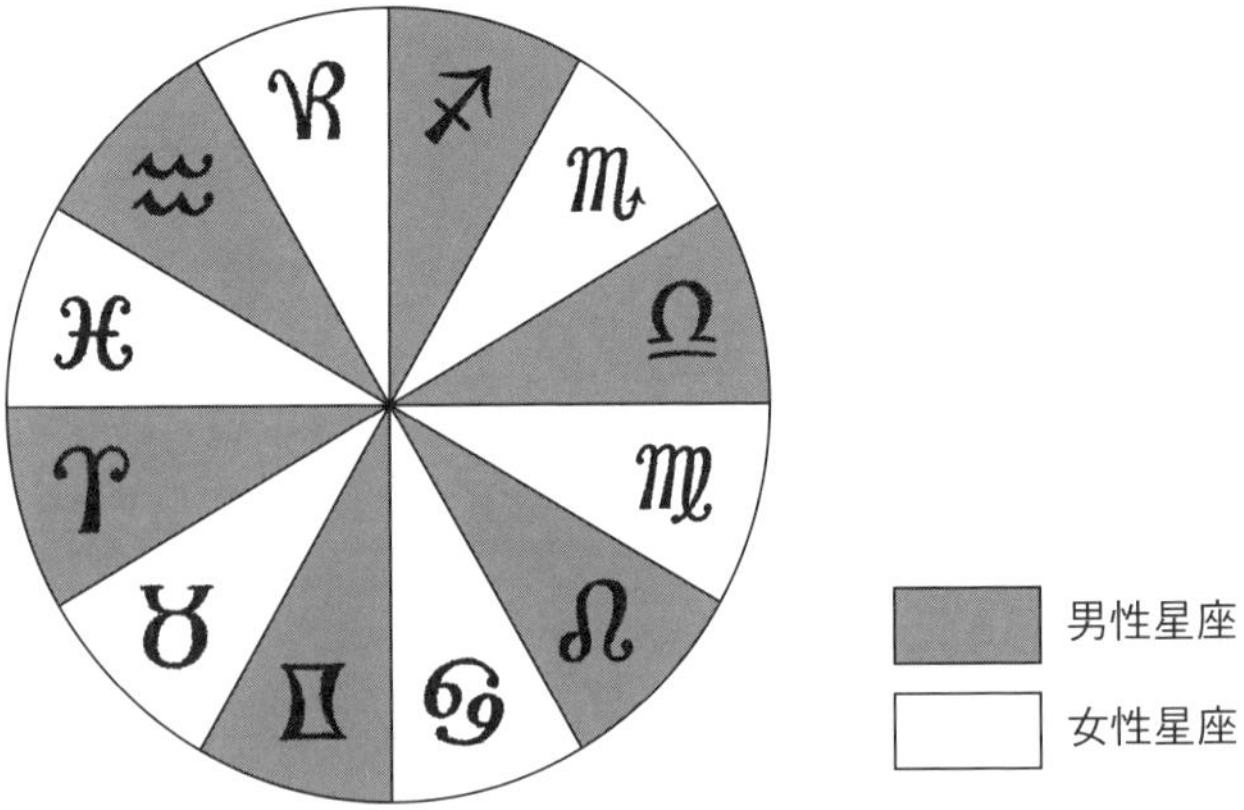

◎三分類

活動宮：積極的な行動と判断が得意ですが、何かにとどまり熟考するのは苦手です

（牡羊座、蟹座、天秤座、山羊座）

不動宮：確実性の高い守りと状況の維持に力を発揮します。物事の変化や早急な判断は苦手です

（牡牛座、獅子座、蠍座、水瓶座）

柔軟宮：臨機応変な行動と思考が得意です。明確な判断、重責を負うのは苦手です

（双子座、乙女座、射手座、魚座）

〈三分類〉

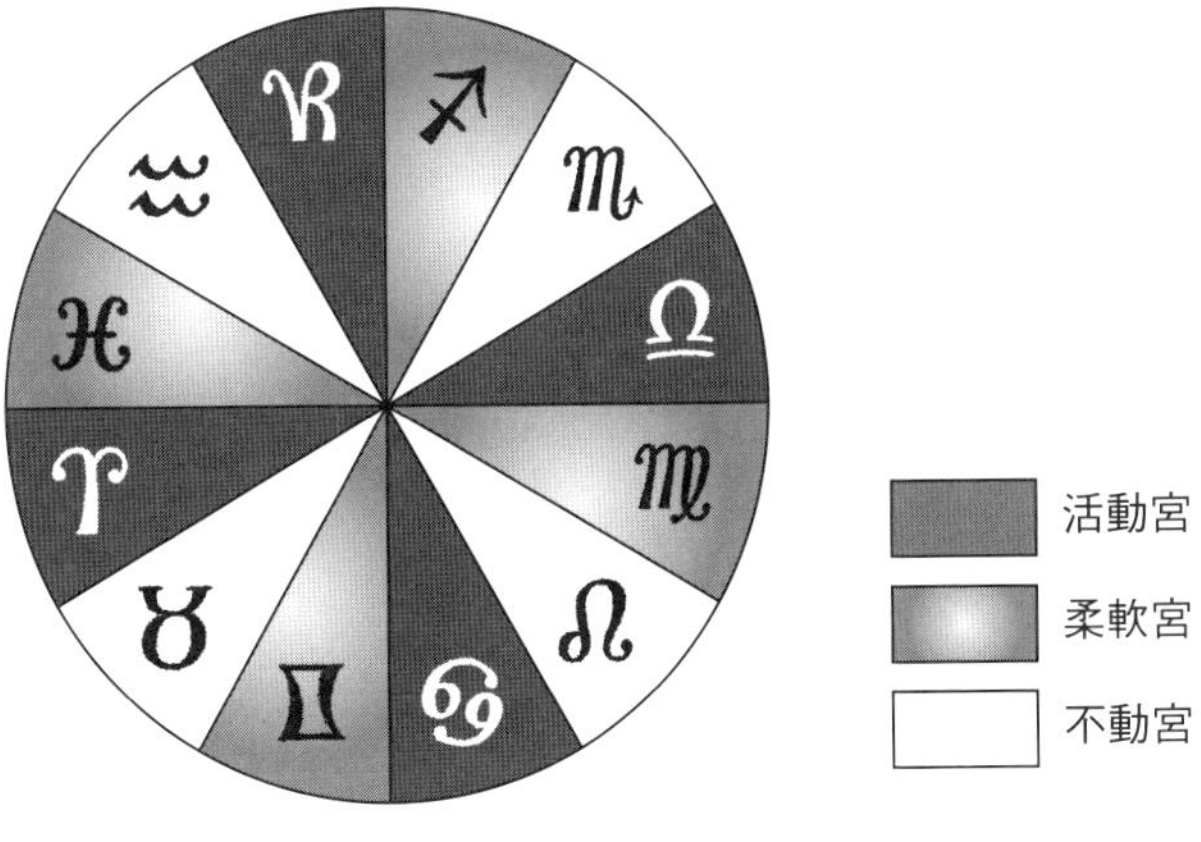

◎四分類

火の星座：活動的で血気盛んな気質です
（牡羊座、獅子座、射手座）

水の星座：情緒豊かで人との関係性を重んじます
（蟹座、蠍座、魚座）

風の星座：好奇心旺盛で客観的な気質です
（双子座、天秤座、水瓶座）

土の星座：実務能力に富み、安定感を好みます
（牡牛座、乙女座、山羊座）

〈四分類〉

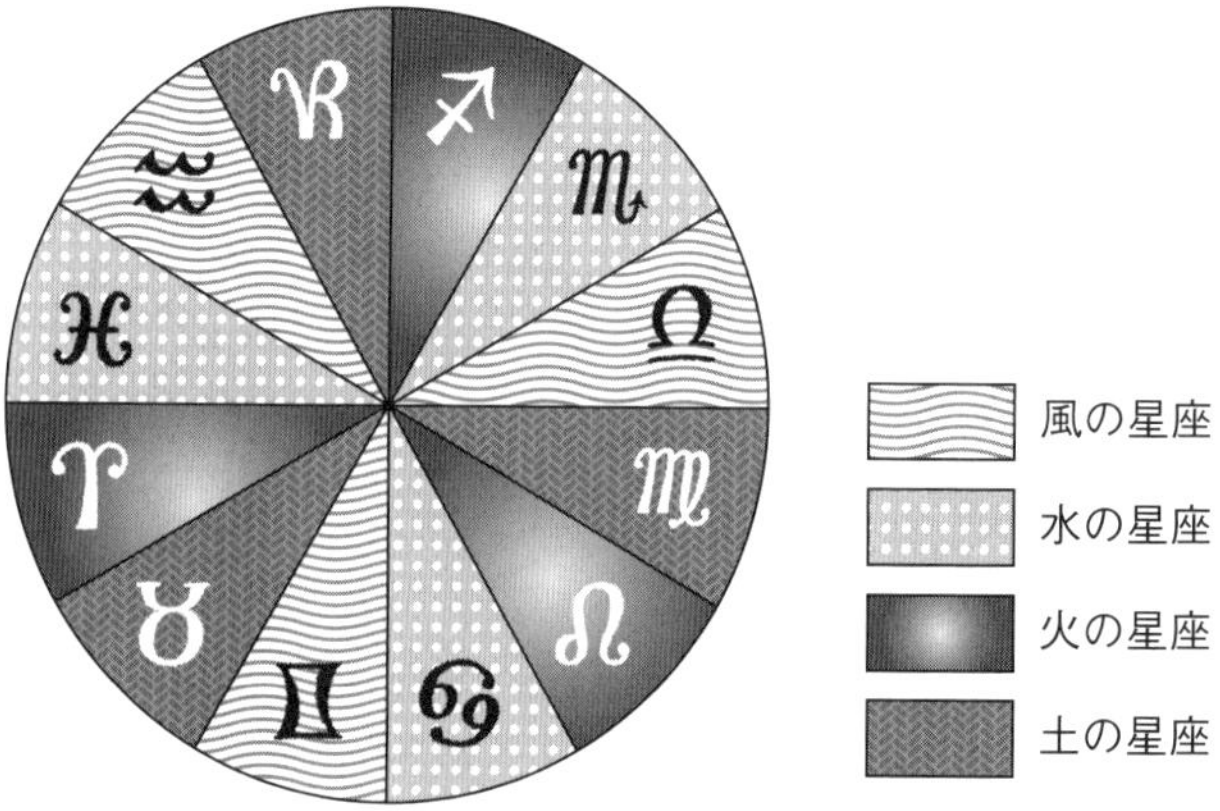

✳天体（主に太陽から冥王星までの10天体）

「どの天体（星）を積極的に用いて見るか」

ここにもかなり鑑定家さんによって個性があるようです。その人、その流派によっては、何か特別に重点を置く天体があったり、また、さらに別の〝小惑星〟などを判断に加えたり……。本当に千差万別なのですが、私は主に、「太陽、月、水星、金星、火星、木星、土星、天王星、海王星、冥王星」のプレーンな10天体で見ています。

先に太陽のお話だけ出てきましたが、そもそも、何かが誕生する瞬間には、別に太陽だけが天空にあるわけではありません。数々の星がそれぞれの動きをしており、それぞれが生きとし生けるものすべてに影響を与えている。そういう考え方なのですね。

それで、さっきのように、出生時に太陽が位置していた場所を守護していた星座を「太陽星座」と呼ぶのと同じように、月が位置していた……を「月星座」、水星が位置していた……を「水星星座」と呼ぶわけです。

それぞれの天体には、12星座と同じように、もともとのエネルギーの性質みたいなものがあり、それに沿って、世界の中に「それぞれの管轄」があります。

ひとりの人の人生のこういう部分は、この天体の影響が強く出る……みたいな役割区分ですね。

つまり、たとえばある人の仕事に関して影響のある星座は牡羊座で、そこに月がいる（月星座が牡羊座であった）場合。

仕事面では、「牡羊座的性質×月の影響」が反映されるということです。

ここではごく簡単にですが、各天体がそもそもどんなエネルギーの持ち主で、かつ、主に人の人生・生活の中でどのような領域（仕事、恋愛、家族……など）に影響を及ぼすのか、書いてみます。

◉「太陽」自分自身の太陽と出会えない人生は、文字通り〝闇〟だ

太陽は人生の中心。「その人自身の本質」でもあり、「こうなっていこう、いくべき」とされる指針のような存在です。

たとえば、牡羊座に生まれるということは「生まれながらに、牡羊座的性質を備える」という意味と、「牡羊座らしい人生を生きる、体現することを、生涯の目的とする」という意味、両方が入っています。

私個人的には、「牡羊座に生まれたからには、牡羊座らしく生きることが、もっとも本人にとって幸福

なのだな」みたいにも解釈しています。人生の羅針盤のNを、こっちの方向に合わせるというかね。

また太陽の性質は主に人間としての〝自我〟みたいな部分とも深くかかわっているので、人間として精神的に成熟するほど、太陽星座に本質が近づいていく。非常によい意味で〝その星座らしく〟なっていく。それが自然な形みたいだな……という風な感想も持っています。

たとえ、一見それが困難の多い人生に見えていても、太陽星座を十分に発揮できている人は本当に充実している感じがしますし、逆に世間的には幸福そうな状態に見えていても、太陽不在の人生は、何か〝欠乏感〟を伴うもののようです。

ちなみに占星術のセオリーで言うと、太陽は男性にとって自分自身、女性にとっては父親、夫を表すともいわれます。


太陽は獅子座の守護星でもあります。


ちなみに、各太陽星座は以下の通りです（※生年によって多少ずれのあるときもあります）。

牡羊座（3／21～4／19生まれ）、牡牛座（4／20～5／20生まれ）、双子座（5／21～6／21生まれ）、蟹座（6／22～7／22生まれ）、獅子座（7／23～8／22生まれ）、乙女座（8／23～9／22生まれ）、天秤座（9／23～10／23生まれ）、蠍座（10／24～11／22生まれ）、射手座（11／23～12／21生まれ）、

山羊座（12／22～1／19生まれ）、水瓶座（1／20～2／18生まれ）、魚座（2／19～3／20生まれ）

☽「月」人生で最初に説得しなければならない内なる他人、それが月である

月は、非常に重要な天体です。一般には感情や情緒などを司るといわれ、占星術のセオリーで言うと女性にとっては自分自身、男性にとっては母親、妻を表すともいいます。

月をどう解釈するかというのも、かなり鑑定家の個性が出るところのようです。

私は月を「人生は、こうあるべき、こう生きるべきと教えられる〝教育〟」のようなもので、かつ、「最初に意見がぶつかる、最初に説得し、味方になってもらわなければならない他人」のように思っています。

月は常に太陽星座とセットで考えると非常に理解しやすいのですが、たとえば、太陽星座がおおざっぱな星座で、月星座が几帳面な人がいたとします。

この人は基本おおざっぱですが、「几帳面にすべきだ」「そのほうが安全に暮らせる」、そういう価値観をもとにして、日々、できる限り几帳面であろうとします。結果、周囲に「根っから几帳面な人だ」と思われているほどです（そういうことは非常によくあります）。

でも、こういう人の場合、何がしかの理由によってまったく几帳面でいる必要がなくなったら、あっさりおおざっぱな人間として行動するでしょう。無人島で暮らすことになったとかね。

月の影響は大概、「人間社会でうまくやっていく」ために備わっている、もしくは経験的に身につけるようになったものが多いように思うので、何の制約もなくなったら、人間はありのまま（つまり太陽星座的）になると思われます。まあとはいえ、そうそう月星座の影響外にまで飛び出すっていうのは、普通、並大抵の出来事ではないので、まるで月星座の影響なしに生きるというのは現実的ではないですが（それこそ、無人島漂流クラスの非日常が必要）。

が、生まれつき几帳面な人、「太陽星座が几帳面」である人は、おそらくそこが無人島であろうと几帳面に暮らします。それが「その人らしいあり方」だし、そのほうが生きやすいからです。誰のためでもありません。

また、月はそもそも、人生で最初に影響を受ける天体でもあります。

各天体は、もちろん生まれたときから存在しているのですが、その天体の持つ性質によって「人生のどの時期に、主に強く影響を与えてくるか」が違います（詳しくは、249ページ『各天体の影響年代領域』参照）。

私が思うに、生き物の根源的なエネルギー&本能に近いものほど、生きるのに必要なので、早い段階から発動し（情緒や知性、好悪の判断などに関連する、月、水星、金星など）、人間としての深い考察や経験があって初めて自分自身でも理解し、発揮できるようなもの（社会性や自制心などにかかわる木星、土星）は、年を追うごとに発動する。そういう仕組みなのでしょう。

話を戻すと、月の性格は人生の中でも一番早く登場するので、ある意味、生活上の習慣としても長い付き合いだから本人にとっても馴染み深くなるし、実際、月の影響を強く受ける幼児期は「こうしなさい、と言われたからそうする」とか、「親のしていることを見てそうする」などの習慣の習得も多いと思うので、その意味でも、「幼年時に学ぶ、人生最初の教育の方向性を月が表している」と理解できます。

また、月は感情面、特にデリケートな情緒と関連が深く、かつ母親を意味する星でもあるので、「その人のもっとも基本的な生存本能」というか、〝処世術〟の部分が反映されていると考えても、おもしろいのではないでしょうか。

これは自己主張の強い、激しい月（人に対して攻撃的に出る）であっても、自己犠牲的で抑圧的な月（なるべく我慢する、控える）であっても、その影響の意味するところは同じです。ある意味、「そのほうが受ける、守ってもらいやすい」と判断した方法を実践しているわけですね。

そして人は成長すると、「本当の自分自身」＝太陽星座が表面化してくるわけですが、大体の場合、ここで一度内面に価値観の衝突があります。これまでは月星座が自分のメインのコントローラーだったのに、それを明け渡すわけですから。

このとき「太陽星座と月星座に共通の性質、傾向がある」と、この主導権委譲はスムーズになり（というか、かなり無意識）、「太陽星座と月星座の性質、傾向が大いに異なる」場合は、かなりの葛藤が生まれます。いわゆる〝自己矛盾〟というやつです。

でも、太陽が太陽たるには、この月を説得し、協力してもらえることが必要不可欠だと私は思うので、この葛藤はかなり意味深いです。葛藤は、あったほうが幸運なんじゃないだろうか……とも。

それは、月はもともと、「太陽の最大の理解者で、サポーターで、かつ、疑問を投じるべき存在、結果としてその太陽の性質を深く強く発揮するために置かれた〝観察者〟」なのだと感じるからです。

実際、ここで起こる自己矛盾を解決する過程は、その人の潜在能力を引き出すビッグチャンスでもありますから、むしろ簡単には同意し合わない太陽星座、月星座を持っていることは、もちろん苦しいけれど喜びも多い。私はそう解釈します。

実際に、太陽と月がもともと相性のよい星座同士の人は「ある一方向に特に秀でた、素直なのんびりや・気のいい人」が多く、太陽と月が反発し合いそうな星座の人は「簡単にへこたれない、好戦的な人」が多いです。

実に興味深いですよ（笑）。

またときどき、大人になっても「太陽星座の影響がほとんどないかのように思える」人がいます。

つまり「その星座っぽさが、まるで感じられない」ってことです。

もちろんいろいろな例がありますが、大体の場合、「これまでの人生で、社会的な自分というものを確立していない」ことが多いような印象です。

ちなみに、これはご自身の意識や自覚の問題で、どんな立場にあるから、どんな仕事をしているから、というのとは直接関係ないみたいです。つまり太陽星座は自身が、「自分はこうありたい！」と強く願い模索するエネルギーに反応し、影響を及ぼす存在のようで、逆に、自身を省みる、強く願い、切り拓く意識がないと、その力は発揮されないままであったりします。

そういう方からは、「自分がこの星座の生まれだということが、どうもピンとこない」と聞くことが多いです。太陽が発動しないと、ずっと月もしくは水星、金星がその人生を仕切り続けなければならず、やや「年齢のわりには未熟な印象」の個性になっていくような気がします。もちろんケースバイケースです。


月は蟹座の守護星でもあります。

☿「水星」あなたを語り語らせる、人生のスポークスマン

水星は、情報、コミュニケーション、通信などを司る天体です。一個人の中に宿る知的な感受性、自己表現の仕方などにもかかわります。その言葉遣いやイメージの仕方、思考の結び方、興味の方向性やアプローチの仕方にも影響が深く、会話のテンポ、話すことから受ける人柄などは、往々にして水星の影響を受けています。

そのため、本来はおとなしい太陽星座の人が好戦的な水星星座のために「見ためと違って言葉が乱暴だ、威勢がいいな」という印象になったり、きわめて感情的な水星星座のために「実際の現実以上に、ドラマチックな物言いを好んでする」ことになったり、します。

水星によい影響を受けるものは知的で好奇心に満ち、風に乗って進むような活力がありますが、そのエネルギーが阻害されると、いわゆる〝水星逆行〟のときのように、遅延やミスコミュニケーション、過去への振り返りなど、まるでリバースを促しているような展開が起こりやすくなります。一個人の中でも、「気持ちをうまく表現できない」「気持ちと言葉がうまくリンクしない」といった現象がしばしば起こるようです。

水星は双子座、乙女座の守護星でもあります。

♀「金星」金星が満たされてこそあなたは幸福で、輝きだす

金星は、個人的な楽しみや愛情、感受性、嗜好性、もしくは金銭や物質的な財産などを司る天体です。人生の大きな方向性という意味での願いや、物事のよしあしの判断は太陽や月が行うことが多いですが、いわゆる〝物事、人間に対する好み〟の部分での金星の影響は大きいです。

「どんなものが好きか、価値を置くか」と表現すると近いかも。

また愛情に関しては往々にして、男性の好みの女性像（異性として惹かれる）、女性が好ましい異性に見せる面、も金星で判断できます。つまり「その人の愛情がどういう方向に出てくるか、愛情が出てきたときにどういう表現を選ぶか」がわかります。

金星は牡牛座、天秤座の守護星でもあります。

♂「火星」戦法を知りたければ火星を見よ。最初の拳の方向までわかる

攻撃性、積極性、具体的な対処、社会に対する行動の起こし方、アプローチ方法などを司るのが火星です。基本的に火星は〝戦い〟のシンボルで、あらゆる具体的かつ積極的な動きに関連があります。「やっ

てやる!と意気込んだとき、どういう方法をとるか」と、イメージするとわかりやすい。

かつ、火星も金星と同様、恋愛面で影響があり、主に肉体的アプローチ、セックスなどに関連が深いです。男性が好ましい女性に見せる面、女性において好ましく感じる男性像（異性として）を表すともいわれます。

火星はもともと俊敏で威力があり、その影響力も明確なので、強く影響し始めると自覚しやすく、傍目にもわかりやすいです。かつ火星の資質が満たされると、達成感が得やすい印象もあります。

また金星・火星は人間の根源的な欲求や、その人らしい行動パターンに深く影響するので、「その人っぽい行動」の部分はかなり金星星座、火星星座の影響下にあるといってもいいでしょう。

が、時にその行動が、そもそもの人生の指針、太陽星座や月星座と大きく食い違うときには、「やりたいと願っていること、進みたいと思っている方向」と、「実際に自分がやっている行動」にギャップが生まれ、「がんばっているのに、うまくいかない。人に認められない。どうしてだ!?」と葛藤が起こるケースも多々あります。

火星は牡羊座の守護星でもあります。

♃「木星」人生が広がるスイッチは木星が握っている。成長したければ教えを請え

木星は発展、繁栄、拡大を促す天体です。穏やかなエネルギーを持ち、個人の人生においては、「もっともスムーズに発展しやすい、拡大しやすい」領域を示すことから、俗に言う幸運の星、というイメージが生まれました。

事実、木星の影響下にあるものは、守られながらすくすく育つことができる印象があります。生まれつき、素直な姿勢で挑めるジャンルという表現も正しいでしょう。

が、その影響が悪く出ると、「深く考えずに、安楽さに埋没する」「無益な拡大を続け、希薄な状態になる」こともあります。人間で言うと、楽しい楽しいと目先のことにかまけているうちに無自覚に太ったりもします（笑）。

木星は射手座の守護星でもあります。

♄「土星」土星に嫌われるようでは先はない。土星に愛されるなら心配はない

制限、厳格さ、ルール、時間などを司る天体です。個人レベルではコンプレックスを感じやすい領域、

制限を感じながら模索するジャンルなどを示します。権力者、プレッシャーを与える存在として、年長者や厳格な上司、父親などを象徴しているともいわれます。

現実の占いでは、自分の土星星座に土星が戻ってくる〝サターンリターン〟などで土星の到来を恐れることが一般的ですが（笑）、実際には土星が与える試練は「事故的に起こる不運」ではなく、概して「起こるべくして起こる困難」です。それに気がつき、自分なりに乗り越え、解決する過程が重要視されているのも特徴です。結果、「人生レベルでのステージアップ」も、多々起こります。もっともその相手に効果的な方法で気づきを与える星、という解釈が正しいと思います。

土星は山羊座の守護星でもあります。

♅「天王星」天王星はJOKERだ。なしでもゲームは進行するが勝者は必ず巧みに使う

既存のものに対する新しさ、異分子、爆発的な瞬発力などを司る天体です。非常に強く速いエネルギーを持っており、イメージするならロケットやダイナマイト、革命のような印象です。

どんなものが立ちはだかろうと突破してしまうパワーと、何者も省みないがゆえの孤独、反逆者的な性質の両方を与えます。個人においても社会などにおいても同様です。

天王星は水瓶座の守護星でもあります。

♆「海王星」海王星は受け入れればよい。でも決して乗っ取られてはいけない

いわゆる〝目に見えないもの、無形のもの〟、イメージの世界に属するものを司る天体です。無意識の星とも呼ばれます。独特の感性、神秘的なもの、霊感、夢、音楽、色彩、香り、アルコール、薬物などは代表的な海王星守護のものです。言語では表現しきれない才能や感覚、豊かな潜在能力を与えるとともに、時に耽溺傾向、感染、依存なども生み出す力があります。

海王星は魚座の守護星でもあります。

♇「冥王星」すべてのものは冥王星のもとに還る。偉大さを認め、守ってもらうべき相手だ

死と再生を司るという、根源的エネルギーの天体です。その影響力はある種、常識の通用しない破壊力や創造力を感じさせます。ブラックホール的で非常に御しにくい存在ではあるものの、いったん受け手が腹をくくり腰を据えれば、無敵の援助を与えます。ハンパな理屈や表面の損得などには決して惑わされな

い強さ、不屈の精神とバイタリティー。それが、冥王星がくれる恩恵です。

冥王星は蠍座の守護星でもあります。

❖各天体の影響年代領域

人は生まれながらに太陽星座らしい性格となるのではなく、それぞれの年齢枠で特に影響を与える星が変わっていきます。また時期を過ぎたら影響がなくなる、のではなく、年々積み重なるように個性に加わっていき、ひとつの人格として多層的になっていきます。

基本的にはその年代に、その性質が出てきやすくなるというのが一般的ですが、金星以降の天体については、「ある種の人生経験を積む」ということが発動の条件になっているような気がします（必ずしも、年齢だけ上がってもだめらしい……というか）。

ひとつの個性を完成させる、熟成させるという意味では、最終的にすべての要素が表出してハーモニーを形成した状態がもっとも理想的だとも思います。

月　出生〜7歳くらい（主に家で過ごす、親からの影響が大きい時期）
水星　7〜15歳くらい（いわゆる就学児童期。友達が一番大事な時期）
金星　15〜25歳くらい（思春期。誰もが色気づく恋愛至上主義時代）
太陽　25〜35歳くらい（社会的な自分の発見、本当の意味での自我の発動期）
火星　35〜45歳くらい（社会活動が中心となる時期。エネルギー活動の活発な時期）
木星　45〜57歳くらい（壮年期。組織、団体への貢献。規模の大きい活動が増える）
土星　57〜70歳くらい（昔で言う老人の時代。続・社会貢献〜次世代への援助）
天王星　70〜85歳（ひとつ、人間としての枠を超えた世界に入るってことですかね）
海王星　85〜100歳（仙人と呼ばれるとしたら多分この辺から）
冥王星　100歳以上（生とか死とか、当然超越していると思われる）

たとえば月から金星までの星座と、太陽星座がかなり差のある性質だった場合（片方がおとなしく、片方はイケイケなど。笑）、周囲に「あるときを境に、急にイメージや言動が変わってきた」と思われたり、自分自身でも「なんだか考え方や人生観が変わったかも……」と感じたりします。もちろんシンプルな意味でも成長したからなのでしょうが、この年代領域に当てはめて考えてみると「なるほど!」と思えることも多いです。

（例）「昔、女王様タイプだった同級生がものすごく地味になっていた……」

「学生のとき〝妹〟キャラだった子が、働きだしてから急にズバズバものを言うようになった……」など。

とはいえ、性質は消えるのではなく、多面的になっていくだけなので〝女王様〟も〝妹〟も、条件がそろえばいつでも出てくるんですけどね（笑）。

✳ホロスコープ上のハウス（12室）

あるタイミングでの天体の状況を表すもの（たとえば出生時など）、その〝天空図〟をホロスコープと呼びます。

ホロスコープは30度ごとに12の室（ハウス）に分けられた円形で、全体でその人、その事象の持っている「天体の影響分布」を表現するものです。

それぞれの天体がどの室にあり、そしてその室をどの星座が守護するか。

これがある意味、占星術のすべての情報です。

室を理解すると、さまざまな性質や能力が、人生のどういう方向で表出するかがわかり、一気に占いの内容が現実味を帯びてきます。

ホロスコープ上のハウス

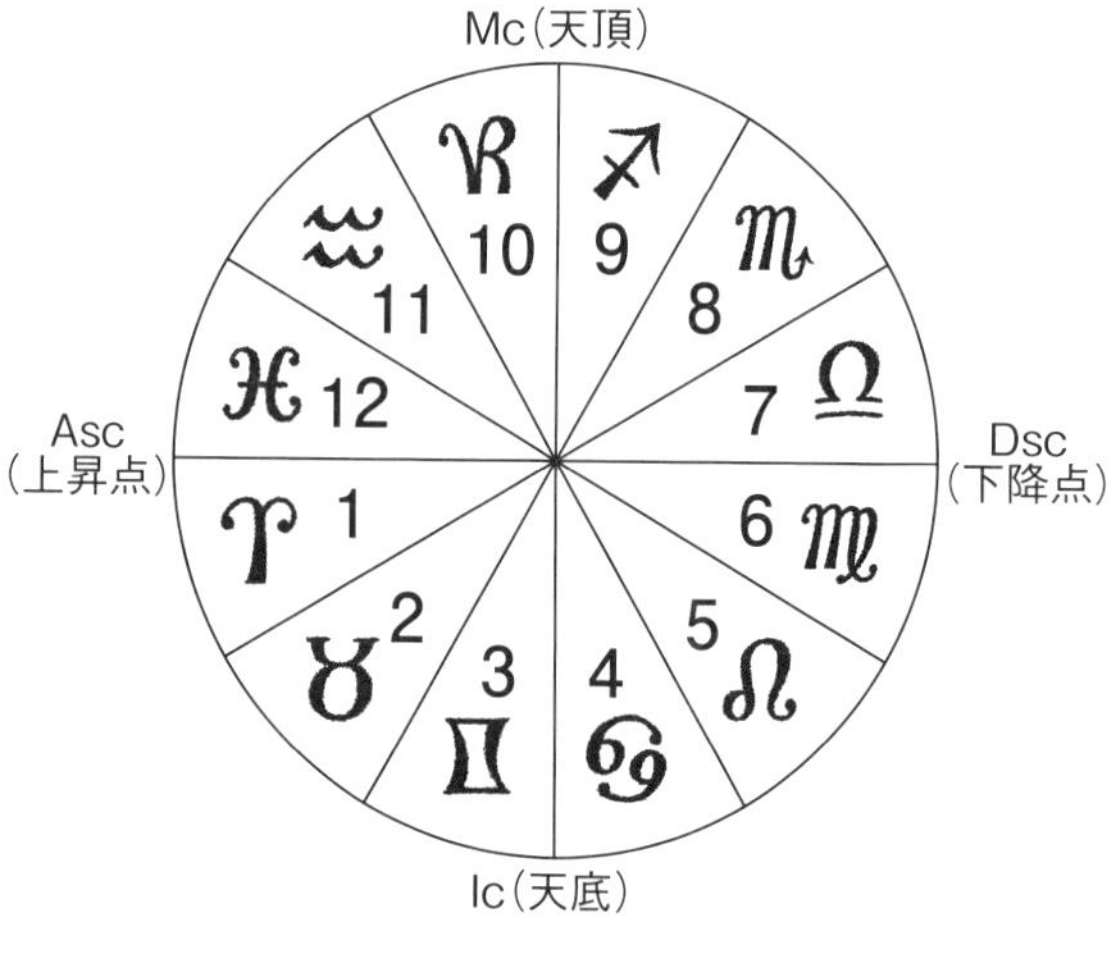

12室が意味する主な支配領域

1室　自己、自意識の傾向、外見の印象や体質、他人から見られるイメージなど
2室　自ら稼ぎ出す財産、持って生まれた感性など（才能）
3室　好奇心、友人関係、情報、兄弟姉妹、初期的な教育
4室　家庭（生まれた家庭、作る家庭）、家族との関係、両親
5室　恋愛、子供、創造性、賭け事など
6室　労働（勤務）、体力・健康、実務的能力
7室　パートナー（配偶者、ビジネスパートナー）、対人、共同作業、結婚
8室　結婚後の財産、死と遺産、親から継ぐ財産、血脈、セックス、霊的経験
9室　向学心、学問、思想、宗教、高等教育、外国、渡来
10室　天職、社会面での成功、社会参加、達成
11室　友人、広い意味での人間関係、対人・恋愛運、未来感覚
12室　秘密、罪、コンプレックス、隠された問題、才能、潜在的能力、アレルギー

このそれぞれの室を取り巻くように12星座があり、自分の位置する室を守護しています。言い換えれば

「その室はその星座っぽくなる、影響を受ける」ともいえます。

同時にその室に何か天体が入っていれば、たとえば「第1室は牡羊座守護で、月が入座している（位置している）」と読みます。両方の要素を併せ持った、第1室であるということです。

また、天体は往々にして散らばったり、どこかに固まったりするので、まったく何の天体も入座していない室ができます。が、これは「運がない、低い」ことを指すのではなく、むしろ何かしらの天体が入っている室は、「その天体が司るジャンルにおいて運命に具体的な特徴、言い換えれば制限がある」と考えるほうが適しています。何もないのは、「特に癖がない」ということで、ある意味「今回の人生、今のタイミングでは、取り立てて人生のメインテーマになる確率は低い」という風に考えるのが一番近いように思います。

参考文献

『占星学』（ルル・ラブア　実業之日本社）
『最新占星術入門』（松村潔　学習研究社）
『日本占星天文暦1920年～2020年日本標準時』（トライアングル　実業之日本社）

アストロカウンセラー・まーさの
12星座のおはなし

2021年6月28日　新装版第1刷発行

著　者／内田真朝
発行者／深澤徹也
発行所／株式会社メトロポリタンプレス
〒174-0042
東京都板橋区東坂下2-4-15
TKビル1階
TEL03-5918-8461
FAX03-5918-8463
https://www.metpress.co.jp
印刷・製本　株式会社ティーケー出版印刷

ISBN978-4-909908-38-4　C0076　Printed in Japan